Jörg Zink

Wie die schöne Lau das Lachen lernte

Jörg Zink

Wie die schöne Lau das Lachen lernte

und was beim Älterwerden sonst noch zu gewinnen ist

Kreuz Verlag

CIP–Kurztitelaufnahme der Deutschen Bibliothek

Zink, Jörg:
Wie die schöne Lau das Lachen lernte
und was beim Älterwerden sonst noch zu gewinnen ist /
Jörg Zink. – 1. Aufl., 1.–25. Tsd. –
Stuttgart : Kreuz Verlag, 1984.
ISBN 3-7831-0727-X

1. Auflage (1.–25. Tausend) Kreuz Verlag Stuttgart 1984
Umschlagfoto: Jörg Zink
Gestaltung: Hans Hug
Reproduktionen: Gölz, Ludwigsburg
Druck der Farbtafeln: Merkur-Druck, Kemnat
Satz: Typosatz Bauer, Fellbach
Textdruck und buchbinderische Verarbeitung: Röck, Weinsberg
ISBN 3 7831 0727 X

Inhalt

Erinnerung

Das herbstliche Licht fiel durch die Kronen der alten Laubbäume, und die Farben spielten im tiefen Blau eines Teiches. Ich saß an einem Platz, an dem ich vor mehr als fünfzig Jahren zum ersten Mal gesessen hatte, und erinnerte mich meiner Träume von damals.

Ich stehe heute sozusagen vor der Grenze zwischen einem älteren und einem alten Mann. Und das Merkwürdige ist: Je näher ich ihr komme, desto wichtiger werden mir die Erfahrungen, die ich als Kind machte und die mich damals bestimmt haben. Ich stelle mir vor, irgend etwas, das damals begonnen hat, sei nun der eigentliche Sinn der kommenden Jahre, etwas, das in der geheimnisvollen und verträumten Welt des Kindes wichtig gewesen ist, farbstark und lebenskräftig.

In der Nähe der Stadt, in der ich meine Kindheit zubrachte, befindet sich ein tiefes Tal, eingeschnitten in die Schwäbische Alb. Laubwälder bedecken die Hänge, weiße Kalkfelsen schauen zwischen den Bäumen hervor, und in den Felsen verbergen sich Höhlen. Es ist für Menschen, die Augen haben, ein wahres Zauberreich und ist es für mich als Kind immer gewesen. Am Ende aber, wo das Tal in einem weiten, runden Kessel abschließt, liegt, umstanden von alten Bäumen, ein kleiner See. »See« ist nicht das richtige Wort. Es ist ein Quelltopf, in dem das Wasser aus großer Tiefe heraufdrängt wie aus einem steilen Trichter, türkisblau, fast rätselhaft in seiner tiefen dunklen Farbe: der Blautopf.

Als ich acht oder zehn Jahre alt war, fing ich an, in den Wäldern umherzustrolchen, meist allein, manchmal auch mit meinem kleinen Bruder zusammen. In den Höhlen schliefen wir auf trockenem Buchenlaub, auf den Felsen saßen wir tagelang und »baumelten mit der Seele«, wie Tucholsky das bezeichnet, und immer wieder auch träumte ich in dem dunklen Wald, der den blauen Quelltopf überdeckt, allein vor mich hin. Es war eine Märchenwelt, und nichts hat mich als Kind so tief geprägt wie diese elementare Landschaft aus Wald und Fels und Höhle und Wasser. Warum ich das erzähle?

Weil sie mir heute, fünfzig Jahre später, wieder gegenwärtig ist, deutlicher als je seitdem, und weil man auf das achten soll, was einem an der Schwelle zum Alter aus seiner Kindheit wiederbegegnet. Denn wir müssen unsere Seele im Alter wieder an ihre Kinderzeit anbinden. Damals hat sie die Bilder gewonnen, die uns später vor Augen standen, und die Ziele zum ersten Mal gezeigt, denen wir danach folgten. Und wie wir damals zum ersten Mal uns selbst begegneten, so finden wir uns nach langen Jahrzehnten in ihnen wieder. Wenn wir als alte Menschen begreifen wollen, was Gott mit uns gemeint hat und wer wir eigentlich sind, dann geben uns die Bilder und Träume unserer Kinderzeit den Schlüssel in die Hand.

Was brauche ich mehr noch, wenn ich alt werde, als klarere und tiefere Einsicht in den Menschen, der ich selbst bin, nachdem ich eine Reihe von Jahrzehnten meine Arbeit getan habe, mich ausgegeben und so viel und so vielerlei nach außen hin gewirkt und gestaltet, versucht und verdorben habe? Was brauche ich mehr als einen Platz unter alten Bäumen? Denn die Bilder von damals sind noch dieselben, auch wenn sie heute mehr Tiefe haben, mehr Gestalt, genauere Zeichnung sozusagen. Was damals Ahnung war, ist nun Erfahrung. Was damals Empfindung war, ist nun Überzeugung. Was damals in den Wellen spielte, hat nun seine Kontur. Aber die Gestalten spielen noch ihr altes Spiel.

Das Wasser ist noch dasselbe. Über ein breites Wehr rauscht es in das Bachtal der Blau, eine alte Hammerschmiede holt sich mit ihrem gewaltigen Wasserrad ihre

Kraft von ihm, und unmittelbar neben dem Quelltopf ruht, von breiten Mauern geschützt, ein Kloster. Der Turm spiegelt sich in dem ruhenden Wasser des kleinen Quellsees.

Hier am Blautopf begab sich einst die zauberhafte Geschichte von der »schönen Lau«. Eduard Mörike, der schwäbische Pfarrer und Dichter, der sie uns erzählt, hat sie nicht allein aus seiner Phantasie, was schon viel hieße, denn er war einer der großen Seelenkundigen. Die Sage hat vielmehr auch einen uralten Hintergrund. Sie ist sicher mehr als tausend Jahre älter als das Christentum in diesem Land und war ursprünglich wohl eine heilige Geschichte um einen alten Kultort und erzählte wohl von einer Quellgöttin, die man hier verehrte. Ich weiß nicht mehr, wer mir zum ersten Mal von der Wasserfrau erzählt hat, die auf dem Grund des Blautopfes wohne. Aber für mich lebte die ganze Gegend um das Wasser her von Elfen und Wasserweibern, dem König des Meeres und seinen Dienern und vielen anderen, und ich ahnte schon als Kind, daß da auch eine Art Blautopf in mir selbst sein müsse, auf dessen Grund die schöne Lau wohnte, denn ich glaubte, sie und alle anderen Figuren des geheimnisvollen Spiels aus mir selbst zu kennen.

Mich faszinierte, was man einander erzählte: daß vom tiefsten Punkt dieses großen Trichters aus eine Höhle in den Berg führe und daß von da aus wassergefüllte Höhlengänge und Höhlenräume sich viele Kilometer in den Berg zögen, ohne daß je ein Taucher an ihr Ende gelangt sei, und dies offenbar war das Reich, der Palast der schönen Lau.

Ich erzähle die Geschichte mit ein wenig anderen Worten als Mörike, schriftdeutsch zumindest, denn in ihr ist manches in so erdhaftem Schwäbisch geschrieben, daß selbst gute Württemberger heute Mühe haben, sie zu verstehen, und darum ist sie außerhalb des Schwabenlandes auch so gut wie unbekannt geblieben. Sie beginnt so:

Der Blautopf ist der große, runde Kessel eines wundersamen Quells bei einer jähen Felswand gleich hinter dem Kloster. Gen Morgen sendet er ein Flüßchen aus, die Blau, welche der Donau zufällt. Dieser Teich ist einwärts wie ein tiefer Trichter, sein Wasser von Farbe ganz blau, sehr herrlich, mit Worten nicht wohl zu beschreiben. Wenn man es aber schöpft, ist es ganz hell in dem Gefäß.

Auf dem Grund saß ehemals eine Wasserfrau mit langen, fließenden Haaren. Ihr Leib war der eines schönen, natürlichen Weibes, dies eine ausgenommen, daß sie zwischen den Fingern und Zehen eine Schwimmhaut hatte, blühweiß und zarter als ein Blatt vom Mohn. Ihr Gesicht war blaß, das Haar schwarz, die Augen aber, die sehr groß waren, blau. Beim Volk hieß sie die arge Lau im Topf, auch wohl die schöne Lau. Gegen die Menschen erzeigte sie sich bald böse, bald gut. Zuzeiten, wenn sie im Unmut den Topf übertreten ließ, kamen Stadt und Kloster in Gefahr; dann brachten ihr die Bürger in einem feierlichen Aufzug oft Geschenke, sie zu begütigen: Gold- und Silbergeschirr, Becher, Schalen, kleine Messer und andere Dinge, dawider zwar, als einen heidnischen Gebrauch und Götzendienst, die Mönche redlich eiferten, bis derselbe auch endlich ganz abgestellt worden. So feind darum die Wasserfrau dem Kloster war, geschah es doch nicht selten, wenn Pater Emeran die Orgel drüben schlug und kein Mensch in der Nähe war, daß sie am lichten Tag mit halbem Leib heraufkam und zuhorchte.

Ein frecher Hirtenjunge belauschte sie einmal im Gebüsch und rief: »He, Laubfrosch, gibt's gut Wetter?« Geschwinder als ein Blitz und giftiger als eine Otter fuhr sie heraus, ergriff den Knaben beim Schopf und riß ihn mit hinunter in eine ihrer nassen Kammern, wo sie den ohnmächtig gewordenen jämmerlich verschmachten und verfaulen lassen wollte. Bald aber kam er wieder zu sich, fand eine Tür und kam, über Stufen und Gänge, durch viele Gemächer in einen schönen Saal. Hier war es lieblich, behaglich warm mitten im Winter. In einer Ecke brannte, indem die Lau und ihre Dienerschaft schon schliefen, auf einem hohen Leuchter mit goldenen Vogelfüßen als Nachtlicht eine Ampel. Es stand viel köstlicher Hausrat herum an den Wänden, und diese waren samt dem Estrich ganz mit Teppichen staffiert, Bildweberei in allen Farben. Der Knabe nahm hurtig das Licht herunter von dem Stock, sah sich in Eile um, was er noch sonst erwischen möchte, und griff aus einem Schrank etwas heraus, das stak in einem Beutel und war mächtig schwer, deswegen er meinte, es sei Gold, lief dann und kam vor ein erzenes Pförtlein, das mochte in der Dicke gut zwei Fäuste sein, schob den Riegel zurück und stieg eine steinerne Treppe hinauf in unterschiedlichen Absätzen, bald links, bald wieder rechts, gewiß vierhundert Stufen, bis sie zuletzt ausgingen und er in wassergefüllte, finstere Höhlengänge geriet. Da mußte er das Licht dahinten lassen und kletterte so mit Gefahr seines Lebens noch eine Stunde lang im Finstern hin und her, dann aber brachte er den Kopf auf einmal aus der Erde. Es war tiefe Nacht und dicker Wald um ihn. Als er nach vielem Irregehen endlich mit der ersten Morgenhelle auf begehbare Pfade kam und von dem Felsen aus das Städtlein unten erblickte, verlangte ihn, am Tag zu sehen, was in dem Beutel wäre, da war es weiter nichts als ein Stück Blei, ein schwerer Kegel, spannenlang, mit einem Öhr an seinem obern Ende, weiß vor Alter. Im Zorn warf er den Plunder weg, ins Tal hinab, und sagte nachher weiter niemand von dem Raub, weil er sich dessen schämte. Doch kam von ihm die erste Kunde von der Wohnung der Wasserfrau unter die Leute.

Nun muß man wissen, daß die schöne Lau nicht hier am Ort zu Hause war; vielmehr war sie, als eine Fürstentochter, und zwar von Mutterseiten her halbmenschlichen Geblüts, mit einem alten Donaunix am Schwarzen Meer vermählt. Ihr Mann verbannte sie, darum, daß sie nur tote Kinder hatte. Das aber kam, weil sie stets traurig war, ohne besondere Ursache. Die Schwiegermutter hatte ihr geweissagt, sie möge eher nicht eines lebenden Kindes genesen, als bis sie fünfmal von Herzen gelacht haben würde. Beim fünften Male müßte etwas sein, das dürfe sie nicht wissen, noch auch der alte Nix. Es wollte aber damit niemals glücken, soviel auch ihre Leute deshalb Fleiß anwendeten! Endlich mochte sie der alte König ferner nicht an seinem Hofe leiden und sandte sie an diesen

Ort, unweit der obern Donau, wo seine Schwester wohnte. Die Schwiegermutter hatte ihr zum Dienst und Zeitvertreib etliche Kammerzofen und Mägde mitgegeben, so muntere und kluge Mädchen, als je auf Entenfüßen gingen (denn was von dem gemeinen Stamm der Wasserweiber ist, hat echte Entenfüße); die zogen sie, pur für die Langeweile, sechsmal des Tages anders an – denn außerhalb dem Wasser ging sie in köstlichen Gewändern, doch barfuß –, erzählten ihr alte Geschichten und Mären, machten Musik, tanzten und scherzten vor ihr. An jenem Saal, darin der Hirtenbub gewesen, war der Fürstin Schlafgemach, von welchem eine Treppe in den Blautopf ging. Da lag sie manchen lieben Tag und manche Sommernacht, der Kühlung wegen. Aber lachen konnte sie nicht, sosehr sich ihre Gespielinnen bemühten, ihr wenigstens ein Lächeln zu entlocken.

Alle Jahre aber, um den Anfang des Winters, kamen Boten von daheim, um zu prüfen, ob die schöne Lau inzwischen gelacht habe. Die klopften an der Halle mit dem Hammer, und die Jungfern fragten:

»Wer pochet, daß einem das Herz erschrickt?«

Jene sprachen:

»Der König schickt!
Gebt uns wahrhaftigen Bescheid,
was Guts ihr habt geschafft die Zeit!«

Und sie sagten:
»Wir haben die vorigen Lieder gesungen
und haben die vorigen Tänze gesprungen!
Gewonnen war es um ein Haar!
Kommt, liebe Herren, übers Jahr.«

So zogen sie wieder nach Haus. Die Frau war aber vor der Botschaft und danach stets noch einmal so traurig.

Ich habe mich als Kind gefragt, warum die schöne Lau da unten wohnen mußte, in dem kalten Wasser. Nur, weil sie nicht lachen konnte? Vielleicht hatte sie wirklich nichts zu lachen? Ich verstand durchaus, daß es schwierig sein konnte, das Leben schön zu finden, und verstehe es bis heute. Wie sie aber das Lachen wirklich lernte, wie sie erlöst wurde aus ihrer Unfruchtbarkeit und Verlassenheit auf dem Grunde des Topfes, das erzähle ich später.

Denn diese Geschichte aus meiner Kindheit ist mir wichtig. Und daß sie ein Märchen ist, nimmt ihr nichts von ihrer Wahrheit. Auch die Bibel erzählt Geschichten, in denen am wichtigsten nicht die Gestalten sind, von denen da die Rede ist, sondern der, der zuhört. Und zum Zuhören gehört mehr, als daß einer weiß, was zweimal zwei ist.

Ich will in diesem Buch neben der Geschichte von der schönen Lau von ein paar Menschen erzählen, die in der Bibel vorkommen. Denen ist gemeinsam, daß ihnen keine Kinder geschenkt werden, bis sie alt sind, daß aber in ihrem Alter plötzlich doch noch das Kind kommt. Denn diese Geschichten reden von uns, von dem langen Weg, den wir in unsere eigenen alten Tage hineingehen, und von dem Leben, das dabei entstehen soll und das weiterträgt, als unser Auge reicht.

Denn wir werden nicht ärmer. Es liegt ein Reichtum in den späten Jahren. Noch einmal dürfen wir unser Leben neu in die Hand nehmen. Noch einmal dürfen wir umgestalten, was fest geworden schien. Noch einmal erfüllt uns das Glück, danken zu können. Noch einmal dürfen wir ja sagen, noch einmal darf unser Gesicht die Züge der Freundlichkeit, der Gelassenheit, vielleicht gar der Weisheit gewinnen, darf es der Spiegel unserer sich vollendenden Seele werden. Noch einmal sagen: Ich vertraue dir.

Denn es wird, wenn wir alt werden, nichts geschehen, das nicht mit uns selbst zu tun hätte. Nichts wird geschehen, als was uns angemessen ist. Nichts, was nicht Gottes Wille ist. Nichts, was nicht einen schöpferischen Sinn hätte und den aus uns machen wollte, den Gott am Ende zu sich rufen will.

Unerwarteter Gewinn

Die schöne Lau, so erzählt die Sage, litt unter dem Jammer, daß sie keine lebendigen, gesunden Kinder zur Welt bringen konnte, sondern immer nur tote. Und der Ursprung ihres Elends und ihrer Unfruchtbarkeit lag darin, daß sie nicht lachen konnte. Wer am Topf sitzt und das Wasser anschaut, versteht, warum die Geschichte mit diesem Quellsee verbunden ist. Er liegt da, kalt, sehr tief, türkisblau und im Grunde traurig, und wer auf seinem Grund sitzt, muß ein trauriger Mensch sein. Erst dort, wo es sich in Bewegung setzt, am breiten Wehr, fängt das Wasser an, über die Steine zu springen, als sei es voller Vergnügen und voller Gelächter. Und erst dort können die Mühlen laufen und die Kinder baden. Erst dort lebt es.

Die Geschichte von der Lau im Blautopf erzählt von der Menschenseele und von den vielen guten und treuen Kräften, die nötig sind, damit die arme Wasserfrau auf dem Grund am Leben teilhat. Denn es bedurfte vieler lebendiger Menschen im Dorf am Topf, bis sie das Lachen lernte und am Ende fähig wurde, ein lebenskräftiges Kind zur Welt zu bringen. Und wenn ich alle die Jahre zurückdenke, während ich unter den alten Bäumen sitze, stehen mir nicht wenige Menschen vor Augen, die das Lachen, das wirkliche, befreite Lachen, in ihrem Leben nie gewonnen haben. Es ist so viel im Untergrund einer Menschenseele, das nie zum Leben kommt und doch hätte so viel Glück bringen können.

Und dies ist nicht nur heute so oder zu den Zeiten der schönen Lau, denn was in unserer Seele geschieht, das geschah vor abertausend Jahren schon ebenso in den Seelen der Menschen. Die Bibel erzählt in ihren uralten Geschichten nichts anderes, als was wir heute sehen und erfahren und erleiden.

Ich denke da an die Geschichte von Sara, der Frau des Abraham. Sara war nach einem langen Wanderleben mit ihrem Mann Abraham und den Schafen ihrerHerden endlich seßhaft geworden. Sie hatte sich alle die Jahrzehnte Kinder gewünscht und vergeblich gewartet. Als sie schon aufgegeben hatte, kamen eines Tages drei Männer in ihr Zelt, Gäste von der Karawanenstraße herüber, und sie bewirtete sie wie unzählige vor ihnen unter dem alten Baum, in dessen Schatten sie lebten. Ehe sie sich verabschiedeten, wandte sich einer von ihnen an Abraham: »Übers Jahr will ich wiederkommen, und Sara soll einen Sohn haben.« Das hörte Sara hinter dem Zelttuch und lachte, und das Lachen war natürlich eine Beleidigung der Gäste, ein Fehltritt.

Aber ich vermute, daß Saras Lachen ursprünglich etwas ganz anderes bedeutet hat. Immerhin wurde ihre Geschichte erst ein halbes Jahrtausend nach ihrem Tod aufgeschrieben. Ich glaube, daß der Gedanke ursprünglich der war, daß Sara erst ein Kind bekommen konnte, als sie lachte. Denn das Lachen galt den alten Völkern als Zeichen von Lebendigkeit und Freiheit. Wer lachte, war nicht von Ängsten eingeschlossen, er atmete, er lebte, er konnte lieben, er konnte Leben weiterreichen. Als Sara lachte, da war sie erlöst aus der Starre ihrer Seele. Ich kann mir schon denken, daß manchen Männern unbehaglich zumute ist, wenn eine Frau sich in solcher Freiheit ihrer eigenen Bestimmung zuwendet, nicht als Sklavin eines Mannes, nicht als sein Spielzeug, nicht als Mittel zum Zweck, sondern als befreiter Mensch. Und so erkläre ich es mir, daß die strengen, frommen Erzähler einer späteren Epoche dieses Lachen als Respektlosigkeit empfanden und annahmen, auch Gott könne darauf nur mit einer Rüge geantwortet haben. Denn es ist immer wieder der Fehler von uns Männern, zu meinen, eine Frau, die in ihrer eigenen Freiheit einen eigenen Weg geht, werde Gott nicht finden; und es wäre ein Schritt auf die Wahrheit zu, lernten wir den Respekt vor ihrem Glauben.

Die Ikone schildert die Szene mit der Phantasie eines Menschen, der versucht, einen inneren Vorgang nach außen zu wenden. In der Mitte sitzen die drei Männer, in denen sich Gott verbarg, in der Gestalt von Engeln. Rechts steht Sara, links Abraham, hinter Sara das uralte Symbol der Mütterlichkeit und der Mutterschaft: eine Höhle. Hinter Abraham das Symbol der Weltveränderung, der Zivilisation: das Haus. Beide aber, Abraham und Sara, gehen auf den Zehen. Das bedeutet: Was sie hier erleben, erleben sie in der Ekstase, nicht bei normalem Bewußtsein. Hinter dem mittleren Engel, wie es eine alte Ikonenregel vorschreibt, steht ein Baum, ein Symbol für den Sohn, der hier angekündigt wird. Es ist die Geschichte von der Befreiung der Sara.

Die Bibel erzählt von solchen Befreiungen immer wieder. Da heiratet eine junge Frau den Mann, den sie liebt. Sie erwartet ein erfülltes Leben, sie denkt an Kinder und an eine Familie, die um sie her entstehen soll. Aber dann gehen die Jahre hin, und die Kinder kommen nicht. Der Segen, den Gott über ein Leben breiten kann, geht an ihr vorbei. Irgendwann aber, als sie längst alle Hoffnung aufgegeben hat, empfängt sie eine Botschaft durch einen Traum oder eine Erscheinung, sie werde noch ein Kind haben. Und wirklich: Das Kind kommt, und es ist nicht nur für die Frau die Erfüllung ihres Lebens, es ist auch für die Menschen um sie her ein besonderer Bote von Gott, ein Erwählter, ein Retter. So bringt Sara spät noch ihren Sohn Isaak zur Welt, Rahel nach langen Jahren des Wartens

ihre Söhne Joseph und Benjamin, Hanna den späteren Propheten Samuel, die Frau des Manoah den Helden Simson, Elisabeth den Johannes, der später der Täufer genannt wurde. Immer wieder ist der Besondere, der Begnadete, das Kind einer alten Frau und eines alten Mannes, und die Erfüllung eines Lebens liegt plötzlich groß und reich in den Händen von Menschen, die nichts mehr erwartet hatten.

Und dann singen einige dieser Frauen einen Lobgesang, in dem sie selbst zum ersten Mal wirklich zur Quellfrische ihrer Freude und Lebenskraft erwachen.

Die Bibel will sagen: Das kann in dir geschehen, das kannst du erfahren. Du wirst alt. Was dein Leben sinnvoll gemacht hätte, das ist bisher nicht geschehen. Es wird nur etwas alt in dir, und nichts wird neu. Aber nun will etwas anfangen. Wie ein Kind. Das Eigentliche, das Große und Wunderbare eines neuen Lebens, und das bleibt dir weit über dein Leben auf dieser Erde hinaus. Was da in dir werden soll, das ist wehrlos und schutzbedürftig wie ein Kind. Hüte es, daß es am Leben bleibt, und halte nicht am Alten, am Altgewordenen in dir fest.

Nun höre ich natürlich viele Stimmen, die mir sagen: Das mag mit anderen Leuten geschehen, aber nicht mit mir. Woher soll ich die Kraft nehmen? Ja, wenn ein Engel zu mir käme wie zu Manoah und seiner Frau, oder Gott selbst wie zu Abraham und Sara, wenn da Jesus käme und sagte: Du kannst noch einmal neu anfangen!

Ich sehe sie einsam am Tisch sitzen oder am Fenster, alt werdende Menschen, und ins Leere schauen. Sie sitzen auf den Bänken im Park, schauen die Alleen entlang und suchen nach dem Ertrag, den ein langes Leben der Mühen und der Sorgen doch eigentlich gebracht haben müßte. Sie fühlen sich nicht reich, sondern arm. Die Kräfte nehmen ab, die Tage werden leer und die Nächte lang. Da ist keine Erfüllung, keine Ernte, nichts, das lebendig weitergeht. Sie steigen hinunter in ihre Erinnerung, und was sie da finden, bringt keinen Reichtum zutage.

Ich möchte dem nicht vorschnell widersprechen, obwohl ich oft genug erlebe, daß es ganz anders ist und viel besser. Ich bin überzcugt, daß, solange wir leben, der lebendige Gott an uns arbeitet. Und vielleicht können wir doch noch einen Schritt in die Freiheit tun, ins Vertrauen und vielleicht sogar, wie die traurige Lau auf dem Grund ihres Quellteichs, in ein dankbares, herzliches Lachen. Die Geschichten in diesem Buch erzählen davon, wie das zugehen kann.

Eines Tages kam an den Blautopf der Diener eines Zauberers, eine Art Zauberlehrling, der zu ergründen versuchte, wie tief der Topf sei. Anders gesprochen, der sich mit seiner Seele beschäftigte wie mancher halbe oder ganze Psychologe von heute, um herauszubekommen, was denn auf ihrem Grund liege.

Er ging zum See, knüpfte sein Bündel auf und zog ein

Bleilot heraus, das zu den Zaubermitteln seines Meisters gehört hatte. Er nahm drei Schnurballen und band das Lot an den ersten. So ließ er das Gewicht hinunter, band die zweite Schnur an die erste, und als die zu Ende war, war noch immer kein Grund fühlbar. Und als er das Ende der dritten Schnur in der Hand hatte, ließ er den Arm ermattet sinken: Jetzt gute Nacht! Der Topf hat tatsächlich keinen Boden.

Die schöne Lau lag an jenem Nachmittag auf dem Sand in der Tiefe und, ihr zu Füßen, eine Kammerjungfer, Aleila, die ihr die liebste war, beschnitt ihr in guter Ruhe die Zehen mit einer goldenen Schere, wie sie es von Zeit zu Zeit tat.

Da kam aus der klaren Höhe ein schwarzes Ding herab, das wie ein Kegel aussah, und als das Lot den Boden berührte, da ergriff die lustige Zofe die Schnur und zog vorsichtig mit beiden Händen, zog und zog, so lange, bis sie nicht mehr nachgab. Da nahm sie die Schere und schnitt das Lot ab, erwischte eine dicke Zwiebel, die erst gestern in den Topf gefallen war, und band sie an die Schnur. Inzwischen hatte die schöne Lau das Lot erkannt als ein starkes Zaubermittel, und sie freute sich über den Fang und dachte, sie werde dereinst ihrem Mann, dem alten Nix, damit eine Freude machen. Aber sie wollte es nicht einfach nehmen, sondern dem Mann oben etwas dafür schenken. Da nahm sie die schöne Perlenschnur von ihrem Hals, schlang sie um die Zwiebel, hängte danach auch die goldene Schere daran und sah fröhlich zu, wie das Gewicht wieder hinaufgezogen wurde. Die Zofe aber, neugierig, was das Menschenkind oben tun werde, stieg hinter dem Lot in die Höhe und belustigte sich an seinem

Schrecken und seiner Verwirrung. Zuletzt, als auf das Geschrei des Dieners die Leute aus dem Ort zusammenliefen, um das Wunder zu sehen, streckte Aleila ihre beiden Hände mit gespreizten Fingern aus dem Wasser, und als die Hände erschienen, stob die Menge auseinander und flüchtete ins Dorf zurück. Von dem Diener aber wird gesagt, er sei für lange Zeit im Kopf irre gewesen.

Wie der Diener mit dem Topf, so gehen wir mit unserer Seele um. Wir wollen sehen, was darin ist, und sind am Ende verwirrt über das, was dabei herauskommt. Dabei wäre viel wichtiger, wir ließen uns auf das Spiel ein, das in uns selbst im Gang ist. Denn auch mit Gestalten in uns selbst wie der schönen Lau, der traurigen, die nicht lachen kann, können wir reden, und vielleicht merken wir, was für eine Erlösung Gott uns zugedacht hat.

Das Evangelium erzählt die Gegengeschichte zu unserem Zauberlehrling: Ein Fischer tritt in sein Boot und fährt hinaus. Er kennt den See und was in ihm lebt, das Wetter und die Tageszeiten und hofft auf einen guten Fang für sich und die Seinen. Er fährt alle Buchten und alle Tiefen und Untiefen seines Sees ab eine lange Nacht hindurch, und es ist kein Fisch in seinem Netz. Als der Morgen graut und der Dunst über dem See liegt, fährt er nach Hause. Niedergeschlagen. Ratlos. Was soll geschehen? Er legt sein Boot an der gewohnten Stelle im Hafen an und beginnt, sein Netz zu waschen und zu ordnen.

Da sammeln sich Menschen am Ufer, und ein Mann versucht, zu ihnen zu sprechen. Aber das Gedränge ist zu groß. So bittet er den Fischer: »Laß mich in dein Boot treten und fahre ein paar Meter vom Ufer, so daß ich Abstand habe zu den Menschen.« Und so redet der Fremde vom Schiff aus, und der Fischer verbringt seine Zeit damit, das Boot an der richtigen Stelle zu halten.

Am Ende wendet sich der Fremde an ihn: »Jetzt fahre wieder hinaus und wirf dein Netz.«

Da erfaßt den Fischer wieder sein ganzer Jammer: »Herr, ich habe die ganze Nacht gearbeitet und nichts gefangen. Aber wenn Du es sagst, will ich noch einen Versuch machen.« Und er fährt ein Stück weit hinaus und wirft das Netz aus. Und das Netz kann kaum die Fische fassen.

Da fährt er wieder zurück zum Ufer und begreift, daß dies mehr war als ein guter Fang. Daß da ein Fremder von ihm selbst gesprochen hatte und daß ihm dieser Fang als das große Geschenk seines Lebens zugedacht war: als Zeichen einer neuen Geburt »aus dem Wasser und dem Geist«.

»Wenn jemand nicht neu geboren wird
aus dem Wasser und aus dem Geist,
kann er das Reich Gottes nicht sehen«,
sagt Jesus zu einem alten Mann.

»Was vom Menschen geboren wird,
das ist ein Mensch.
Was aber vom Geist geboren wird, das ist Geist.

Der Wind weht, wo er will,
und du hörst sein Sausen wohl,
aber du weißt nicht, woher er kommt,
und nicht, wohin er fährt.

So ist jeder,
der aus dem Geist geboren ist.«

Johannes 3, 3–8

Geheimnisvolle Musik

Lange Zeit, ehe das Christentum in die Waldtäler der Alb kam, muß es am Blautopf ein Heiligtum gegeben haben, an das Frauen zu wallfahren pflegten, wenn sie mit Kindern gesegnet sein wollten. Es ist kein Zufall, daß die Kirche mit diesem Heiligtum große Schwierigkeiten hatte und daß sie schon vor mehr als tausend Jahren ein Kloster an das Wasser baute, um die heidnische Nixe zu bannen, und es ist auch kein Zufall, daß in dem Kloster ein wundervoller Marienaltar steht. Denn nur Maria war stark genug, an die Stelle der alten Wassergöttin zu treten. Unsere Geschichte erzählt denn auch, die Mönche hätten die schöne Lau als ihre böse Feindin angesehen. Die Frauen von Blaubeuren, dem Dorf an der Quelle, dachten freilich anders darüber:

In dem Gasthaus »Nonnenhof« war eine dicke Wirtin, Frau Betha, ein lebensfrohes Biederweib, christlich, leutselig, gütig. Zumal an armen reisenden Gesellen bewies sie sich als eine rechte Fremdenmutter. Zwei Söhne hatte sie und zwei Töchter. Vor der Stadt, nahe am Topf, hatte sie einen kleinen Küchengarten. Als sie einst im Frühjahr am ersten warmen Tag dort war und ihre Beete richtete, den Kohl und den Salat säte, Bohnen und Zwiebeln steckte, sah sie von ungefähr auch einmal mit Wohlgefallen das schöne blaue Wasser überm Zaun und mit Verdruß daneben einen garstigen Schutthügel, der den ganzen Platz schändete. Sie nahm also, als sie fertig war mit ihrer Arbeit und das Gartentürlein hinter sich zugemacht hatte, die Hacke noch einmal, riß das gröbste Unkraut aus, suchte etliche Kürbiskerne aus ihrem Samenkorb und steckte hin und wieder einen in den Haufen. Der Abt im Kloster, der die Wirtin, denn sie war eine stattliche Frau, gerne sah – man hätte sie nicht über vierzig Jahre geschätzt, er selber aber war gleich ihr ein stark beleibter Herr –, stand am Fenster oben und grüßte herüber, indem er mit dem Finger drohte, als halte sie zu seiner Widersacherin. Der Schutthügel aber grünte nun den ganzen Sommer, daß es eine Freude war, und im Herbst hingen dann die großen gelben Kürbisse am Abhang nieder bis zum Teich.

Einmal nun ging der Wirtin Tochter, Jutta, in den Keller, wo sich noch von alten Zeiten her ein offener Brunnen mit einem steinernen Trog befand. Beim Schein des Lichts erblickte sie darinnen mit Entsetzen die schöne Lau, bis an die Brust im Wasser schwebend. Sie sprang voller Angst davon und sagte es der Mutter an. Die fürchtete sich nicht und stieg allein hinunter, ließ auch nicht zu, daß ihr der Sohn zum Schutz nachfolgte, weil das Weib nackt war.

Der wunderliche Gast grüßte sie mit dem Vers:

»Die Wasserfrau ist kommen
gekrochen und geschwommen,
durch Gänge steinig, wüst und kraus,
zur Wirtin in das Nonnenhaus.
Sie hat sich meinethalb gebückt,
mein Topf geschmückt
mit Früchten und mit Ranken,
das muß ich billig danken.«

Sie hatte einen Kreisel aus wasserhellem Stein in ihrer Hand, den gab sie der Wirtin und sagte: »Nehmt dieses Spielzeug, liebe Frau, zu meinem Angedenken! Ihr werdet guten Nutzen davon haben. Denn jüngsthin habe ich gehört, wie Ihr in Eurem Garten der Nachbarin klagtet, Euch sei schon auf die Kirchweih angst, wo immer die Bürger und Bauern zu Unfrieden kämen und Mord und Totschlag zu befürchten sei. Deshalben, liebe Frau, wenn wieder die trunkenen Gäste bei

Tanz und Zeche Streit beginnen, nehmt den Kreisel zur Hand und dreht ihn vor der Tür des Saals im Flur, da wird man hören durch das ganze Haus ein mächtiges und herrliches Getöne, daß alle gleich die Fäuste werden sinken lassen und guter Dinge sein, denn jählings ist jeder nüchtern und gescheit geworden. Ist es an dem, so werfet Eure Schürze auf den Kreisel, da wickelt er sich alsbald ein und liegt stille.«

So redete das Wasserweib. Frau Betha nahm vergnügt das Kleinod samt der goldenen Schnur und dem Halter von Ebenholz, rief ihre Tochter Jutta her (sie stand nur hinter dem Krautfaß an der Staffel), wies ihr die Gabe, dankte und lud die Frau, so oft die Zeit ihr lang wär, freundlich ein zu fernerem Besuch, darauf das Weib hinabfuhr und verschwand.

Es dauerte nicht lang, so wurde offenbar, welch einen Schatz die Wirtschaft an dem Kreisel gewann. Denn nicht allein, daß er durch seine Kraft die übeln Händel allezeit in einer Kürze dämpfte, er brachte auch dem Gasthaus bald erstaunliche Einkehr zuwege. Zuerst, wenn er anhub sich zu drehen, ging es doucement her, dann klang es stärker und stärker, so hoch wie tief, und immer herrlicher, als wie der Schall in vielen Pfeifen, der quoll und stieg durch alle Stockwerke bis unter das Dach und bis in den Keller, dergestalt, daß alle Wände, Dielen, Säulen und Geländer schienen davon erfüllt zu sein, zu tönen und zu schwellen. Wenn nun das Tuch auf ihn geworfen wurde und er still dalag, so hörte gleichwohl die Musik sobald nicht auf. Sie zog vielmehr mit starkem Klingen, Dröhnen, Summen wohl noch bei einer Viertelstunde hin und her.

Die Geschichte erzählt danach, Frau Betha habe eine Klingelleitung gelegt vom Keller, wo der Brunnen war, bis herauf in die Küche, so daß sie es immer sofort habe hören können, wenn die Lau aus ihrem Brunnen auftauchte. Der Keller muß wohl über unterirdische Wasserläufe und Höhlen mit dem Blautopf verbunden gewesen sein, und das heißt in der Sprache der Erzählung: Frau Betha muß zwischen ihrem oberirdischen Leben und der Tiefe ihrer Seele eine Verbindung gehabt haben, so daß das geheimnisvolle Wasserwesen heraufsteigen konnte mit seiner wunderbaren Musik.

Denn das ist auch für den, der das Evangelium hören und in sich aufnehmen will, wichtig: daß er es nicht mit dem Kopf allein begreift – daraus wird nichts Lebendiges –, sondern mit der ganzen Tiefe seiner Seele, und daß seine Seele auf das Wort von Gott mit ihrem eigenen Klang antworten muß.

Auf dem Gemälde Rembrandts sitzt ein alter Mann, ein König, den Speer im Arm, und starrt vor sich hin. Es ist Saul, der als schöner, als geliebter und bewunderter junger Mann begonnen hatte, erfüllt vom Glanz seines Auftrags und erfüllt von Gottes Geist, dann aber eigenmächtig und selbstherrlich wurde. Am Ende verließ ihn der Geist Gottes. Er war danach noch lange Zeit König, aber sein Gemüt verdüsterte sich, böse und aggressiv saß er in seiner Burg. Ein dunkler Geist von Gott verfolgte ihn.

So sitzt er nun auf dem Bild Rembrandts und starrt ins Dunkle, und die Schatten springen ihn aus jeder Ecke an. Er starrt ins Kaminfeuer, und die Gestalten seiner Vergangenheit erscheinen ihm im Flackern der Flammen. In immer neuen Runden umkreisen seine Gedanken das Trümmerfeld seines Lebens. Immer neu versucht er, das verworrene Legespiel doch noch zusammenzusetzen. Es hätte doch alles gelingen können, wenn er diese Gelegenheit gehabt hätte, wenn dieses Mißverständnis hätte geklärt werden können, wenn jener Mensch dieses und jenes Unrecht nicht getan hätte. Die innerste Frage aber ist die nach sich selbst: Bin ich nun Saul, der Erwählte, der König? Oder bin ich es nicht mehr? Immer neu muß er, um mit sich selbst eins zu sein, beweisen, daß die Schuld nicht bei ihm lag, sondern bei den Menschen, bei den Ereignissen, bei den Zufällen, vielleicht gar bei Gott.

Was hätte ich tun sollen, als ...? Was wäre gewesen, wenn ...? Was hätte geschehen können, damals ...? Ist denn alles falsch gewesen? Wer war denn eigentlich schuld? In immer neuen Runden drehen sich die Gedanken, und die Geister aus der Dunkelheit flattern um ihn her: das Mißlungene und das Verlorene, das Versagen, die Verluste, die das Leben gebracht hat. Das Abnehmen, das Wenigerwerden, das Hergebenmüssen, die verpaßten Chancen, der Zorn über ungelebtes Leben, Haß auf Menschen, Enttäuschung, Bitterkeit und Einsamkeit, Überflüssigsein, Zerwürfnisse aller Art und wie die Geister alle heißen. Vor allem und besonders bedrohlich das unausweichliche Gefühl, schuldig geworden zu sein, die aufgedeckte Lebenslüge und dahinter, finster, gefährlich, die Höllenangst und das Grauen davor, er sei verdammt von Gott.

In seinem Gedicht »Harzreise im Winter« deutet Goethe in diese Richtung:

»Aber abseits, wer ist's?
Ins Gebüsch verliert sich sein Pfad,
hinter ihm schlagen
die Sträuche zusammen,
das Gras steht wieder auf,
die Öde verschlingt ihn.«

Und er fügt eine der schönsten Fürbitten für ihn an:

»Ist auf deinem Psalter,
Vater der Liebe, ein Ton
seinem Ohre vernehmlich,
so erquicke sein Herz!«

Da meinen nun die Diener des Saul, Harfenmusik könne den Dämon vielleicht vertreiben. Sie holen den Hirtenjungen David, dessen Spiel sie kennen, und er setzt sich zu Füßen des Königs und musiziert. Seine Melodien aber geben nun keine Antwort auf rückwärts gewandte Warum-Fragen. Sie führen den König vielmehr aus der Kreisbahn seiner dunklen Gedanken ganz einfach hinaus und schwingen ihn in einen freieren und weiteren Rhythmus ein. David kommt von seiner Schafherde, unbelastet und unbekümmert, und bringt den Geist Gottes in die Burg des Schwermütigen zurück. Und bei Rembrandt scheint es, als wolle der Maler mit der Neigung des jungen Kopfes in die Rundung der Harfe sagen, eigentlich sei der Mensch das Instrument, auf dem der Geist Gottes seine Melodie spiele.

Die beiden, der König und der Hirtenjunge, spielen in uns selbst. Manchmal geschieht es, daß in der Seele eines schwermütigen Menschen gleichsam eine junge Gestalt lebendig wird: das Kind mit der Harfe, und die tote Atmosphäre mit neuer Schwingung füllt. Jesus deutet es an, wenn er sagt, nur das Kind in uns werde das Reich Gottes schauen. Er sagt nicht: Du bist ein verdammter Mensch, sondern: Du bist zum freien, erlösten Sohn Gottes, zur Tochter Gottes berufen. Nimm es an, nimm es ernst. Niemand zählt deine dunklen Punkte, niemand wägt deine Schuld. Schau auf mich und nimm an, was ich sage: Ich will dich erquicken, du gequälter Mensch. Niemand hat dich für die Verdammnis bestimmt. Du gehörst Gott. Du gehörst zu mir, und ich lasse dich nicht fallen.

Sören Kierkegaard redet von dieser Erfahrung, wenn er schreibt:

»Herr Jesus Christus,
wie viele Male wurde ich ungeduldig.
Wollte verzagen,
wollte alles aufgeben,
wollte den furchtbar leichten Ausweg suchen:
die Verzweiflung.
Aber du verlorst die Geduld nicht.

Ein ganzes Leben hieltest du aus und littest,
um auch mich zu erlösen.«

Das Evangelium erzählt, eines Tages sei eine Frau zu Jesus gekommen, die »verkrümmt« gewesen sei und sich nicht mehr habe aufrichten können (Lukas 13,11 ff.). Da habe Jesus ihr die Hände aufgelegt – und sie habe sich aufgerichtet und habe Gott gepriesen. Sie richtete sich auf zu ihrer eigentlichen Gestalt. Sie hörte Christus sagen: Ich bejahe dich, ich bin dicht bei dir, dichter als du dir selbst bist. Nun richte dich auf und sage ja zu dem neuen Leben, das ich in dir anfange.

»Wie die Sonne eine Freude ist für jene,
die nach ihrem Tag verlangen,
so ist meine Freude der Herr.
Denn er ist meine Sonne,
seine Strahlen ließen mich auferstehen,
und sein Licht hat alle Finsternis
von meinem Angesicht vertrieben.
Augen habe ich durch ihn erhalten,
und geschaut habe ich seinen heiligen Tag …
Der Tod ist vergangen vor meinem Antlitz,
die Unterwelt hat aufgehört durch sein Wort.
Und es erwuchs im Lande des Herrn
Leben ohne Tod.«

Aus den Oden Salomos

»Was gefallen ist, wird auferstehen,
was verloren, wird gefunden werden,
und was schwach ist, wird genesen –
auf daß offenbar werde
die Herrlichkeit des Vaters.
Was er an mir getan,
werde ich tun an euch allen,
die da glauben.«

Jesuswort, überliefert aus dem 2. Jahrhundert

»Ihr werdet traurig sein,
aber eure Trauer soll in Freude verwandelt werden.
Wenn eine Frau ein Kind zur Welt bringt,
so hat sie Schmerzen.
Wenn sie aber das Kind geboren hat,
denkt sie nicht mehr an ihre Angst,
denn sie ist glücklich
über den neugeborenen Menschen.
Auch ihr habt nun Traurigkeit,
aber ich will euch wiedersehen,
und euer Herz soll sich freuen,
und eure Freude soll niemand von euch nehmen.«

Johannes 16, 21–22

Das Enkelkind der Naemi

Die Wasserfrau kam nun jeden Mond einmal, auch je und je unverhofft zwischen der Zeit, weshalb die Wirtin eine Schelle richten ließ, oben im Haus, mit einem Draht, der lief herunter an der Wand beim Brunnen, damit sie sich gleichbald anzeigen konnte.

Einstmals an einem Nachmittag im Sommer, da eben keine Gäste kamen, der Sohn mit den Knechten und Mägden hinaus in das Heu gefahren war, Frau Betha mit der Ältesten im Keller Wein abließ, da kam die Lau wieder in den Brunnen herauf und sah der Kurzweil halben dem Geschäft zu, und die Frauen plauderten noch ein wenig mit ihr. Da fing die Wirtin an: »Mögt Ihr Euch denn einmal in meinem Haus und Hof umsehn? Die Jutta könnte Euch etwas von Kleidern geben; ihr seid von einer Größe.«

»Ja«, sagte sie, »ich wollte lange gern die Wohnungen der Menschen sehn, was alles sie darin tun, spinnen, weben, ingleichen auch wie Eure Töchter Hochzeit machen und ihre kleinen Kinder in der Wiege schwenken.«

Da lief die Tochter fröhlich mit Eile hinauf, ein reines Leintuch zu holen, bracht' es und half ihr aus dem Kasten steigen, das tat sie sonder Mühe und lachenden Mundes. Flugs schlug ihr die Dirne das Tuch um den Leib und führte sie bei ihrer Hand eine schmale Stiege hinauf in der hintersten Ecke des Kellers, da man durch eine Falltür oben gleich in der Töchter Kammer gelangt. Allda ließ sie sich trocken machen und saß auf einem Stuhl, indem ihr Jutta die Füße abrieb. Wie diese ihr nun an die Sohle kam, fuhr sie zurück und kicherte. »War's nicht gelacht?« frug sie selber sogleich. »Was anders?« rief das Mädchen und jauchzte: »Gesegnet sei uns der Tag! Ein erstes Mal wär' es geglückt.« – Die Wirtin hörte in der Küche das Gelächter und die Freude, kam herein begierig, wie es zugegangen, doch als sie die Ursach' vernommen – du armer Tropf, so dachte sie, das wird ja schwerlich gelten! –, ließ sie sich indes nichts merken, und Jutta nahm etliche Stücke heraus aus dem Schrank, das Beste, was sie hatte, die Hausfreundin zu kleiden. »Seht«, sagte die Mutter, »sie will wohl aus Euch eine Prinzessin machen.« – »Nein«, rief die Lau in ihrer Fröhlichkeit, »laß mich die Aschengruttel sein in deinem Märchen!« – nahm einen schlichten runden Faltenrock und eine Jacke, nicht Schuh noch Strümpfe litt sie an den Füßen, auch hingen ihre Haare ungezöpft bis auf die Knöchel nieder. So strich sie durch das Haus von unten bis zuoberst, durch Küche, Stuben und Gemächer. Sie verwunderte sich des gemeinsten Gerätes und seines Gebrauchs, besah den rein gefegten Schenktisch und darüber in langen Reihen die zinnernen Kannen und Gläser, alle gleich gestürzt, mit hängendem Deckel, dazu den kupfernen Schwenkkessel samt der Bürste und mitten in der Stube an der Decke der Weber Zunftschmuck, mit Seidenband und Silberdraht geziert, in dem Kästlein von Glas. Von ungefähr erblickte sie ihr eigen Bild im Spiegel, davor blieb sie betroffen und erstockt eine ganze Weile stehn, und als darauf die Söhnerin sie mit in ihre Stube nahm und ihr ein neues Spiegelein, drei Groschen wert, verehrte, da meinte sie Wunders zu haben; denn unter allen ihren Schätzen fand sich dergleichen nicht.

Bevor sie aber Abschied nahm, geschah's, daß sie hinter den Vorhang der Alkoven schaute, woselbst der jungen Frau und ihres Mannes Bett sowie der Kinder Schlafstätte war. Saß da ein Enkelein mit rotgeschlafenen Backen, im Hemdchen und einen Apfel in der Hand auf einem runden Stühlchen von guter Ulmer Hafnerarbeit, grünverglaset. Das wollte dem Gast außer Maßen gefallen; sie nannte es einen viel zierlichen Sitz, rümpft' aber die Nase mit eins, und da die drei Frauen sich wandten zu lachen, vermerkte sie etwas und fing auch hell zu lachen an, und hielt sich die ehrliche Wirtin den Bauch, indem sie sprach: »Diesmal fürwahr hat es gegolten, und Gott schenk' Euch so einen frischen Buben, als mein Hans da ist!«

Von der Hand des französischen Malers Poussin gibt es ein Bild, das er »Sommer, oder Ruth und Boas« nennt, gemalt um 1660. Ein Ausschnitt aus diesem Bild, einer freien, reinen Landschaft, zeigt einen dunklen Baum, unter dem sieben Menschen an der Arbeit sind. Einer schneidet Getreide mit einer Sichel, einer trinkt, unter dem Stamm bereitet eine Frau eine Suppe in zwei Schüsseln, und eine andere öffnet einen Kasten mit Brot. Ein Erntebild. Der Besitzer aber steht vor dem Feld, einer Frau gegenüber, die vor ihm kniet: Boas, der Bauer, und Ruth. Wer waren Ruth und Boas?

In der Frühzeit Israels, lange vor den ersten Königen, so erzählt die Bibel, überzog eine Hungersnot das Land. Und ein Mann namens Elimelech, seine Frau Naemi und ihre beiden Söhne wanderten miteinander aus und siedelten sich in einem anderen Land an, in Moab. Die beiden Söhne heirateten Frauen aus jener Gegend. Aber Elimelech und die beiden Söhne starben, und Naemi blieb allein übrig mit den beiden Schwiegertöchtern, von denen die eine Orpa, die andere Ruth hieß.

Was sollte sie tun? Ohne Familie war sie rechtlos und unversorgt auf ihre alten Tage, in Bethlehem aber lebten noch ihre Verwandten. So beschloß sie zurückzuwandern und verabschiedete sich von ihren beiden Schwiegertöchtern. Und Orpa kehrte in das Haus ihrer Eltern zurück, während Ruth bei Naemi blieb mit dem berühmten Wort:

»Wo du hingehst, da will ich auch hingehen.
Wo du bleibst, da bleibe ich auch.
Wo du stirbst, da sterbe ich auch,
da will ich auch begraben werden…
Nur der Tod soll dich und mich scheiden.«

Das Buch Ruth 1, 16 b–17

So gingen die beiden nach Bethlehem. Als aber Naemi von den Frauen dort erkannt wurde, sagte sie:

»Nennt mich nicht mehr Naemi, die Liebliche,
sondern Mara, die Bittere,
denn Gott hat mir viel Bitteres angetan.«

Ruth 1, 20

Dort blieb ihnen nichts, als zu den Bauern auf die Felder zu gehen und hinter den Schnittern und hinter denen, die die Garben banden, nach liegengebliebenen Ähren zu suchen. So ging Ruth aufs Feld, und zufällig geriet sie auf das Grundstück des Boas, der ein Verwandter des Mannes der Naemi war. Als nun Boas von Bethlehem herkam, sprach er zu den Schnittern: »Gott sei mit euch!« Und sie erwiderten: »Gott segne dich.« Da fragte Boas den aufsichtführenden Knecht: »Aus welcher Familie kommt dieses Mädchen?« Und der Knecht antwortete: »Es ist die junge Moabitin, die mit Naemi aus dem Lande Moab zurückgekommen ist. Sie arbeitet seit heute morgen und macht nur jetzt eben ein wenig Pause.«

Da redete Boas mit Ruth: »Höre, meine Tochter, gehe auf kein anderes Feld zum Lesen, sondern halte dich zu meinen Mägden. Die Knechte habe ich angewiesen, dich nicht anzurühren, und wenn du Durst hast, dann geh zu den Krügen und trinke. Und Gott vergelte dir, was du an der Mutter deines Mannes getan hast, und gebe dir Schutz unter seinen Flügeln.« Zur Essenszeit aber sagte Boas: »Komm, iß von dem Brot und tauche deinen Bissen in den Wein.« Und er gab ihr geröstete Körner, so daß sie sich satt essen konnte und noch übrig behielt.

Zu Hause erzählte Ruth der Naemi von dem fremden Mann, und Naemi fand einen Weg. Denn Boas war ihr verwandt, und nach altem Recht war er verpflichtet, die Witwe eines Verwandten zu heiraten. So machten die Frauen einen gewagten Versuch. »Meine Tochter«, sagte Naemi, »ich möchte dir einen Platz in meiner Familie geben, damit es dir wohl gehe. Heute abend worfelt Boas, unser Verwandter, seine Gerste auf der Tenne draußen. So bade denn und salbe dich, ziehe dein schönes Kleid an und gehe heute nacht zur Tenne. Wenn er in dem Getreidehaufen schläft, gehe hin, lege dich zu seinen Füßen und warte ab, was er sagen wird.« Und Ruth ging hin. Und als Boas gegessen und getrunken hatte und guter Dinge war, legte er sich schlafen, und sie legte sich leise zu seinen Füßen. Um Mitternacht aber schrak der Mann auf, beugte sich vor und sah eine Frau zu seinen Füßen. »Wer bist du?« fragte er. »Ich bin Ruth, deine Magd«, antwortete sie, »breite dein Gewand über mich.« Damit wollte sie sagen: Ich möchte, daß du mich aufnimmst als deine Verwandte und deine Frau. Und Boas antwortete: »Gesegnet bist du, meine Tochter, habe keine Sorge.« Da legte sie sich bis zum Morgen zu seinen Füßen nieder, aber noch ehe der Tag graute, erhob sie sich, und er schickte sie nach Hause. Denn, so dachte er, es soll nicht bekannt werden, daß eine Frau auf die Tenne gekommen ist. Und er füllte ihr das Schultertuch mit Körnern und ließ sie nach Hause gehen.

Danach ging die Sache ihren Gang. Boas nahm Ruth zur Frau, und eines Tages schenkte sie einem Knaben das Leben. Da sprachen die Frauen zu Naemi: »Gelobt sei Gott! Er hat dich erlöst mit diesem Kind!« Und Naemi nahm das Kind, legte es auf ihren Schoß und pflegte es. Das bedeutete nach dem alten Recht, daß sie nun das Kind als ihr eigenes adoptieren durfte. Das Kind aber war später der Großvater des Königs David.

Das Gemälde von Poussin ist ein Bild des Friedens und der Ernte. Da ist nach einem mühsamen Leben, das mit einer Hungersnot begann, nicht die Öde und Kälte des Winters, sondern reiches, lebensvolles, von Duft und Sonne erfülltes Land.

Und wenn wir zu Poussins Bild ein Wort suchen, dann mag es der 126. Psalm sein, in dem es heißt:

»Als der Herr unser Schicksal wandte,
da waren wir wie die Träumenden.
Da war unser Mund voll Lachen
und unsere Stimme voll Jubel.
Wende nun, Herr, unser Schicksal aufs neue.

Du gibst den Bächen in der Steppe Wasser,
wenn sie trocken sind.
Gib nun auch uns Leben aus deiner Kraft.

Die mit Tränen säen,
werden mit Jubel ernten.
Man schreitet den Acker hin und wieder zurück –
und weint und wirft den Samen aus.
Aber mit Jubel wird man heimkehren
und seine Garben hoch auf der Schulter tragen.«

Ernte ist etwas anderes als die Fertigung eines Werkes. Sie ist ein Gut, das durch die Gnade und den Segen Gottes entsteht und uns zuwächst, nachdem wir unser eigenes Gut, die Saat, lange vorher in die Erde geworfen und also verloren hatten. Reife ist vor allem anderen ein Gut, das in uns selbst wachsen muß. Nicht, was uns von außen zuwächst, macht den Reichtum der Ernte aus, sondern was aus uns selbst dabei geworden ist. Es gehört große Bescheidenheit dazu, das zu sehen und sich am Ende nicht mit all dem trösten zu wollen, was man doch so Großartiges für andere Menschen getan und geleistet und geopfert habe. Der Mensch selbst muß reif geworden sein, sonst gibt es nichts zu ernten. Die Lebensgeschichte der Naemi schildert das mit wunderbarer Klarheit. Denn sie suchte ja nicht einen Mann für sich selbst. Sie suchte ihn für Ruth und gewann dabei alles.

Denn es gibt ein merkwürdiges Gesetz im Leben: In uns

allen liegen Kräfte, die wir für uns selbst nicht nützen können, die in uns brach bleiben, auch wenn uns für vieles, was nötig wäre, die Kräfte fehlen.

Diese Kräfte weckt aber ein anderer, der ihrer bedarf, und plötzlich sind sie wach und durchströmen nicht nur den Menschen, in dem sie gelegen haben, sondern vor allem den anderen, und helfen ihm, sein Leben zu bestehen.

Ich glaube, daß das Wesen einer beständigen Liebe darin liegt, daß hier ein wechselseitiges Kräftegeben und Kräftenehmen ist, die sonst ein Leben lang brachlägen, die nur jeder dem anderen weitergeben kann, ja die eigentlich nur durch das Bedürfnis des jeweils anderen entstehen.

»Du kannst nicht sein,
du kannst dich nur verschwenden,
kannst bleiben nicht,
die Erde wandert aller Enden;
du kannst nicht sammeln,
jedes Gold wird Blei,
und nichts ergreifen,
alles schwirrt vorbei!
Du kannst nicht wissen,
denn es ward schon Trug.
Du kannst nur lieben.
Lieben ist genug.«

Ernst Bertram

»Die großen Taten der Menschen
sind nicht die,
welche lärmen.
Das Große geschieht so schlicht
wie das Rieseln des Wassers,
das Fließen der Luft,
das Wachsen des Getreides.«

Adalbert Stifter

Jesus Christus:
»Was ich sage, ist wahr:
Wenn das Weizenkorn nicht
in die Erde fällt und stirbt,
bleibt es unfruchtbar.
Wenn es aber stirbt,
bringt es Frucht hervor.
Wer sein Leben festhält,
der wird es verlieren,
wer es aber losläßt,
wird es neu empfangen:
Ewiges Leben!«

Johannes 12, 24–25

Überraschung im Tempel

An jenem Abend, als sie zum ersten Mal wirklich gelacht hatte, legte sich die schöne Lau getrost und wohlgemut im Grund des Blautopfs nieder, schlief gleich ein, und bald erschien ihr ein närrischer Traum.

Ihr deuchte da, es wäre die Stunde nach Mittag, wo in der heißen Jahreszeit die Leute auf der Wiese sind und mähen, die Mönche aber sich in ihren kühlen Zellen eine Ruhe machen, daher es noch einmal so still im ganzen Kloster und rings um seine Mauern war. Es stund jedoch nicht lange an, so kam der Abt herausspaziert und sah, ob nicht etwa die Wirtin in ihrem

Garten sei. Dieselbe aber saß als eine dicke Wasserfrau mit langen Haaren in dem Topf, allwo der Abt sie bald entdeckte, sie begrüßte und ihr einen Kuß gab, so mächtig, daß es vom Klostertürmlein widerschallte, und schallte es der Turm ans Refektorium, das sagt' es der Kirche, und die sagt's dem Pferdestall, und der sagt's dem Fischhaus, und das sagt's dem Waschhaus, und im Waschhaus da riefen's die Zuber und Kübel sich zu. Der Abt erschrak bei solchem Lärm, ihm war, wie er sich nach der Wirtin bückte, sein Käpplein in den Blautopf gefallen; sie gab es ihm geschwind, und er watschelte hurtig davon.

Da aber kam aus dem Kloster heraus unser Herrgott, zu sehn, was es gebe. Er hatte einen langen weißen Bart und einen roten Rock und frug den Abt, der ihm just in die Hände lief:

»Herr Abt, wie ward Euer Käpplein so naß?«

Und er antwortete:

»Es ist mir ein Wildschwein am Wald verkommen,
Vor dem hab ich Reißaus genommen;
Ich rannte sehr und schwitzet' baß,
Davon ward wohl mein Käpplein so naß.«

Da erhob unser Herrgott, unwirsch ob der Lüge, seinen Finger, winkte ihm und ging voran, dem Kloster zu. Der Abt sah sich heimlich noch einmal nach der Frau Wirtin um, und diese rief: »Ach liebe Zeit, ach liebe Zeit, jetzt kommt der gute alte Herr in Haft!«

Dies war der schönen Lau ihr Traum. Sie wußte aber beim Erwachen und spürte noch an ihrem Herzen, daß sie im

Schlaf sehr lachte, und ihr hüpfte noch wachend die Brust, daß der Blautopf oben Ringlein schlug.

Weil es den Tag zuvor sehr schwül gewesen, so blitzte es jetzt in der Nacht. Der Schein erhellte den Blautopf ganz, auch spürte sie am Boden, es donnere weit weg. So blieb sie mit zufriedenem Gemüte noch eine Weile ruhen, den Kopf in ihre Hand gestützt, und sah dem Wetterblicken zu. Nun stieg sie auf, zu wissen, ob der Morgen etwa komme. Allein es war noch nicht viel über Mitternacht. Der Mond stand glatt und schön über dem Rusenschloß, die Lüfte aber waren voll vom Würzgeruch der Mahden.

Sie meinte fast der Geduld nicht zu haben bis an die Stunde, wo sie im Nonnenhof ihr neues Glück verkünden durfte, ja wenig fehlte, daß sie sich jetzt nicht mitten in der Nacht aufmachte und vor Juttas Türe kam (wie sie nur einmal, Trostes wegen, in übergroßem Jammer nach der jüngsten Botschaft aus der Heimat tat), doch sie besann sich anders und ging zu besserer Zeit.

Frau Betha hörte ihren Traum gutmütig an, obwohl er ihr ein wenig ehrenrührig schien. Bedenklich aber sagte sie darauf: »Baut nicht auf solches Lachen, das im Schlaf geschah; der Teufel ist ein Schelm. Wenn Ihr auf solches Trugwerk hin die Boten mit fröhlicher Zeitung entließet, und die Zukunft strafte Euch Lügen, es könnte schlimm daheim ergehen.«

Auf diese ihre Rede hing die schöne Lau den Mund gar sehr und sagte: »Frau Ahne hat der Traum verdrossen!« – nahm kleinlauten Abschied und tauchte hinunter.

Aber es galt doch als ihr zweites Lachen. Denn auch im Traum ist unsere Seele am Werk, und auch, was wir träumen, sind wir ja selbst. Das Lachen wegen der Kitzelei an der Fußsohle aber hat am Ende nicht gegolten.

Es war nicht gerade ein Abt, der vor mir saß, sondern ein schlichter, alter Pfarrer, der mir aus seinem Leben erzählte. Wir gingen die langen Wege eines Parks entlang, und seine Stimme klang müde. »Was waren das für Zeiten, als ich studierte. Pfarrer wollte ich werden, und das Amt lag vor mir wie ein wunderbares Land, übersonnt, voll Glanz und Schönheit. Im Namen Gottes wollte ich mich den Menschen zuwenden, sie befreien, sie ändern, ihnen helfen, daß sie fröhlicher und glücklicher werden, das Kranke in ihnen heilen, Wahrheit in ihr Leben bringen und ein wenig Güte. Dann kamen vierzig Jahre. Ich habe es mir nicht leicht gemacht, und sicher war meine Arbeit weder besonders gut noch besonders schlecht. Es war eben, was ich geben konnte. Aber was ereignete sich schon? Die Konfirmanden kamen widerwillig zum Unterricht, in der Schule mußte ich froh sein, wenn das Chaos nicht über mir zusammenschlug, in der Kirche saßen immer nur die wenigen und immer dieselben. Der Kern der Gemeinde öffnete sich nicht nach draußen, und die draußen ließen sich nicht einladen. Was bewegte sich eigentlich? Und so tritt man dann in den ›Ruhestand‹ und findet keine Ruhe über den Sinn und Wert einer ganzen Lebensarbeit. Jetzt stehe ich morgens auf, ziehe mich an, gehe spazieren, lese die

Zeitung, sehe ein wenig fern, esse, ziehe mich aus und versuche zu schlafen. Es geschieht nichts. Nur die Uhr, die mich vierzig Jahre lang zu meiner Pflicht rief, tickt noch.«

An einen ähnlichen Lebensbericht erinnere ich mich. Auf einer Bank sitze ich und höre – kühl ist es, und ein spürbarer Wind treibt die Blätter über die Straße zwischen den Bäumen – die Geschichte eines Lebens. Eine von unzähligen Geschichten, wie sie erzählt werden, wenn ein Mensch anfängt, Zeit zu haben.

Langsam beginnt er, stockend. Mit Pausen. Und dann wird die Stimme freier, und die Worte werden zu einem dichten Fluß: »Ich habe mein ganzes Leben mit Arbeit verbracht. Ich bin nie ein freier Mensch gewesen. Ich bin einmal jung gewesen und voller Pläne und Hoffnungen. Und was folgte, war Jahr um Jahr immer dasselbe: Arbeit, Entbehrung, Einordnung, Gehorsam, Einstecken von Rügen, Mahnungen, Befehlen. Zwang von allen Seiten, nie war ich ein freier Mensch. Und jetzt, wo ich alt bin, könnte ich frei sein, aber da fehlen nun die Kräfte. Nun bin ich ein Gefangener meiner kleinen Beschwerden und wohl irgendwann ein Gefangener einer Krankheit oder eines langen Leidens. Wer weiß es? Freiheit habe ich gesucht und nie erreicht. Und jetzt bleibt mir, wie von jeher, nur der Traum von ihr. Können Sie mir sagen, was jetzt noch geschehen soll?«

Ich denke an ein Bild Rembrandts vor mir, das einen alten Mann zeigt, der in einem Lehnstuhl sitzt: Das Licht fällt auf das Haupt und die stützende Hand und geht über den Pelz und den dunkelroten Ärmel bis zu der anderen Hand, die auf der Lehne des hölzernen Stuhls liegt, und von unten, aus dem ruhigen Braun der rechten unteren Ecke, laufen die beiden Pelzstreifen schräg durch das Bild, nehmen oben das Haupt auf und kommen dort zur Ruhe, wo eine zerfurchte Stirn schwer über den halbgeschlossenen Augen liegt. Eine Stirn, die viel gedacht hat und nun sorgenvoll das Ende betrachtet, an das alle Gedanken stoßen.

Es ist eines der vollendeten Bildnisse, die der älter werdende Rembrandt malte. Die Schönheit und Fülle des Menschenlebens liegt darin, und sie verträgt sich mit dem tiefen Wissen um seine Grenzen.

Äußerlich fehlt es dem Mann an nichts. Der reiche Goldschmuck über der Brust zeigt den großzügigen Rahmen, in dem sein Leben stattfindet. Aber etwas anderes fehlt. Und als ich darüber nachdachte, was hier wohl fehle, fiel mir die Geschichte von Zacharias, dem alten Priester, ein, jener Urfigur des Menschseins aus der Vorgeschichte des Evangeliums.

Dieser Mann tat ein Leben lang seine Pflicht in seinem Dienst. Und immer tat er es in der Erwartung, eines Tages werde das Große, das Heilige, das Erlösende geschehen. Er ging täglich zum Tempel. Er diente dort, brachte die Opfer dar, die vorgeschrieben waren, und wartete darauf, daß die Routine eines Tages durch ein großes Ereignis, einen Einbruch Gottes in diese Welt, beendet werde.

Ihn hatten die Fragen nach Gott und dem ewigen Leben von Jugend an interessiert. Er wurde ein gehorsamer und treuer Priester, und selbstverständlich meinte er es ernst mit

seiner Frömmigkeit. Nun sitzt er als alter Mann müde in dem Stuhl, in dem er ein Leben lang seine Arbeit bedacht hatte, und stützt den Kopf in die Hand. Er hat zwar eine rechtschaffene Frau, aber Kinder und Enkel hat er nicht. Am Ende wird sein Leben vorbeigegangen sein wie ein Schatten, ohne Spuren zu hinterlassen, so wie Gott in all seinem Dienst im Tempel immer anwesend war, aber ohne je eine Spur zu hinterlassen. Er wird seine Pflicht bis zum Ende erfüllen, mehr ist nicht mehr zu erwarten. Das ist seine Resignation: Man muß sich in Gottes Willen fügen. Man hat keinen Anspruch auf eine besondere Erfahrung. Seine frühen Wünsche soll man begraben. Alter und Tod soll man geduldig erwarten, und aufbegehren soll man schon gar nicht.

Aber eines Tages, Zacharias weilt allein im Tempel während der Opferfeier, geschieht es doch: Ein »Engel« erscheint. Der spricht im Namen Gottes davon, Zacharias werde einen Sohn haben, und dieser Sohn werde die Erfüllung seines Lebens sein. Zacharias kennt die Irrtümer, denen der Mensch in seinem Wunsch nach dem Ungewöhnlichen allzuleicht verfällt. Er läßt sich nicht mehr begeistern. Er kennt schließlich die Welt und das Leben, Verrücktheiten beeindrucken ihn nicht mehr.

Viele Christen glauben so: Die großen Offenbarungen geschahen vor Jahrtausenden. Für uns Heutige bleibt nur das Nachbuchstabieren früherer Worte von Gott. Alles andere ist Schwärmerei.

Es ist, als wäre um einen lebendigen Menschen ein Panzer gelegt, ein Panzer aus festen Glaubenswahrheiten, die die Seele schützen, aber eben auch das leise Wort abwehren, das da kommen will und Leben wecken.

Aber noch kann das geschehen, was Zacharias widerfuhr: daß da etwas kommt, die Panzerung durchbricht und die Seele berührt mit einem fremden und leisen Wort. Und vielleicht bemerkt der alt gewordene Mensch, daß er so, wie er da zu hören anfängt, als Kind schon einmal geglaubt hat. Schutt eines langen Lebens war darüber gefallen. Nun wächst wieder etwas und gräbt sich von unten durch ans Licht, geweckt durch eine fremde, eindringliche Stimme:

In dir geschieht etwas. Rede jetzt nicht. Achte auf das, was ich dir sage. In dir will etwas entstehen wie ein Kind. Das muß getragen werden und zur Welt kommen.

Dafür ist es zu spät, sagt Zacharias. Aber der Engel weicht nicht, er verstummt nicht, sondern redet weiter und gebietet Zacharias, bis auf weiteres zu schweigen. Er soll diese Monate stumm sein. Er soll schwanger gehen wie seine Frau. Schwanger mit einer Offenbarung, die er nicht fassen kann. Wenn ein in Vernunft gefaßter Glaube einer religiösen Erfahrung begegnet, wird der vernünftige Mensch leicht sprachlos. Er kann nicht ausdrücken, was ihm begegnet ist. Und da er es nicht ausdrücken kann, scheint es ihm unwirklich.

Als aber für Zacharias die Zeit des Tragens und Zuhörens vorbei war, brach es aus ihm heraus wie sein ganzes Leben noch nicht:

»Barmherzig ist Gott!
Uns, die wir sitzen in Finsternis
und Schatten des Todes,
gibt er Licht,
wie die Sonne aufgeht am Morgen,
und lenkt unsere Füße
auf den Weg des Friedens.«

Lukas 1, 78–79

Und wenn er nun zurückschaute, lag sein ganzes langes Leben in jenem ganz anderen Licht vor ihm, das aufleuchtet, wenn wir es uns versagen, über Sinn und Ertrag, über Vergeblichkeit und Nützlichkeit unserer Arbeit zu urteilen. Was der Sinn unserer Mühe war, weiß ohnedies nur ein anderer. Und vielleicht wachte doch so etwas wie ein lebendigerer Mensch in ihm auf, der es nicht schwer nimmt, wenn ihm das Käpplein naß wird. Indem er seine feierliche Würde nicht mehr festhält, weitet sich sein Herz, und er beginnt zu empfangen und zu erfahren, was er bis dahin weder empfangen noch erfahren konnte, außer in jener lange vergangenen Zeit, als er ein Kind war. Er konnte es nicht machen, er konnte nur geduldig warten, bis es geschah.

»Siehe eine Sanduhr:
Da läßt sich nichts
durch Rütteln und Schütteln erreichen.
Du mußt geduldig warten,

bis der Sand – Körnlein um Körnlein –
aus dem einen Trichter in den anderen gelaufen ist.«

Christian Morgenstern

Und so fängt die Auferstehung für ihn an, die Auferstehung des neuen Menschen in dem alten Mann in seinem Lehnstuhl, und er hört von Jesus, seinem Herrn, das Wort, das ihn nun begleiten soll:

»Ich bin die Auferstehung und das Leben.
Wer an mich glaubt,
wird leben, auch wenn er stirbt.
Und wer lebt und an mich glaubt,
hat keinen Tod vor sich.«

Johannes 11, 25–26

Stimmen der Engel

Dreimal hat die schöne Lau nun gelacht, und jedesmal machte sich Frau Betha ihre Gedanken darüber. Beim ersten Mal denkt sie, läßt sich aber nichts anmerken: »Du armer Tropf, das wird schwerlich gelten.« Beim zweiten Mal freut sie sich mit: »Diesmal fürwahr hat es gegolten, und Gott schenk Euch einen so frischen Buben, als mein Hans da ist.« Beim dritten Mal warnt sie, es könne auch ein Trug gewesen sein.

Das Seltsame ist, daß Frau Betha auf irgendeine Weise eingeweiht ist in die Geschichte der Lau. Nirgends steht, woher sie eigentlich ihr Wissen hat. Wahrscheinlich könnte sie selbst keine Auskunft darüber geben. Es kann jedem von uns so ergehen, daß er etwas weiß, daß er von etwas überzeugt ist, daß etwas ganz klar vor ihm steht. Wenn aber jemand kommt und fragt: »Woher weißt du das?«, dann fangen wir an zu stottern, zu überlegen, zu grübeln und können es doch nicht sagen. Denn manchmal trägt uns eine innere Stimme etwas zu, und wir nehmen es auf und wissen: Das ist wahr. Nur, beweisen läßt sich nichts.

An dieser Stelle begegnen wir möglicherweise einmal dem, was die Bibel die »Engel« nennt: eine Art verbindender Kräfte zwischen Gott und uns, von denen ja auch Jesus mit großer Selbstverständlichkeit spricht. Und wenn ich auf allerlei Erfahrungen zurückblicke, dann scheint es mir vollkommen klar, daß da Mächte dieser Art, behütende, schützende, redende und hörende und uns Menschen zugewandte, eben Engel, am Werk waren. Nur haben wir einen langen Weg, sie wahrzunehmen, und sind ungeübt, mit ihnen zu sprechen. Ich glaube, daß es sozusagen eine Stufe oberhalb des Menschen Wesen gibt in unendlich vielfältiger Gestalt. Denn unsere Schöpfung reicht unendlich viel weiter, als wir auf unserer Erde meinen, und es geschieht auf unserer Erde viel durch andere Kräfte als die unseren. Und wenn unsere Erde einmal vor dem gerettet werden soll, was wir Menschen mit ihr anrichten, dann wird es durch sie geschehen.

Die Weihnachtsgeschichte erzählt von einer jungen Frau. Die wird von einem Engel angeredet, sie werde ein Kind haben, und dieses Kind sei in besonderem Sinn ein Bote

Gottes, ein Bote der Freundlichkeit Gottes für die Ärmsten: Maria. Und diese Maria ist den Christen zweier Jahrtausende als die Mutter des Kindes von Bethlehem, als die Mutter des Meisters von Nazareth eine besonders verehrungswürdige Gestalt gewesen. Sie war immer schon die Mutter schlechthin, die Frau schlechthin.

Die schönsten Bilder von Maria, dem Mädchen, das den Besuch eines Engels erlebt, kennen wir alle. Und die wunderbaren Bilder von Maria, der Mutter, die ihr Kind im Arm hält, kennen wir auch. Die Maler und Bildschnitzer der christlichen Geschichte haben durch die Jahrhunderte hin immer wieder in diesen Bildern das Zarteste ausgedrückt, das sie zu gestalten vermochten. Kaum ein Thema der Kunst ist mit so viel überirdischer Schönheit ins Bild gefaßt worden wie dieses: das Mädchen Maria und die Mutter Maria. Aber, so frage ich heute, da sie ja mit ihrem Kind so sehr im Mittelpunkt steht, was hat das für unsere Kirche bedeutet? War sie nur eine Dekoration, die darüber hinwegtäuschen konnte, daß die Frauen im übrigen in der Kirche nichts zu sagen hatten? Dabei geschieht gerade in den Erzählungen um Maria eine wahre Revolution um die Rolle der Frau vor Gott und den Menschen.

Da sagt ein Engel zu Maria: Heiliger Geist wird über dich kommen. Dein Kind wird aus dem Heiligen Geist sein. Und von Elisabeth, ihrer Verwandten, sagt die Weihnachtsgeschichte: Sie wurde erfüllt mit Heiligem Geist. Sie hatten also beide eine Unmittelbarkeit zu Gott, die den Frauen in der Kirche nur selten zugestanden wird.

Rembrandt malte die Szene, wie die beiden Frauen einander begegnen. Elisabeth, die Ältere, empfängt die junge Maria vor ihrem Haus mit einer zarten, warmherzigen Umarmung. Ein Mädchen nimmt Maria den Reisemantel ab. Rechts unten hält ein Mann das Pferd, auf dem Maria hergeritten war, links tritt Zacharias, gestützt von einem Jungen, aus dem gewaltigen Portal seines Hauses. Elisabeth tritt auf Maria zu. Sie schaut. Sie weiß. Niemand hat ihr von der Anrede des Engels an Maria erzählt. Sie nimmt wahr, was eigentlich außerhalb ihrer Erfahrung liegt. Sie weiß nun, was es mit ihrem eigenen Geschick und mit dem der Maria auf sich hat. Und so preist sie die so viel jüngere Frau selig, wie ja auch sonst alte Menschen den jungen Mut machen können, indem sie ihnen sagen, was sie erfahren und als den Sinn ihres Lebens begriffen haben.

Von Elisabeth wird erzählt, sie habe sich, nachdem sie schwanger geworden war, erst einmal fünf Monate verborgen. Ähnlich wie Zacharias, ihr Mann, zu schweigen hatte. Die neue Lebendigkeit in ihr wie in ihm muß erst einmal nach innen wachsen. Und mancher alt werdende Mensch, der plötzlich zu neuen Erkenntnissen und Erfahrungen kommt, wird sich vor seiner Umwelt in große Einsamkeit zurückziehen müssen, ehe er wissen kann, daß er nicht verrückt geworden ist, sondern etwas Großes erkannt hat. Wenn er sich den anderen gegenüber zu seinen Erfahrungen bekennen soll, muß eine Kraft hinzutreten, die er nicht von sich selbst hat: Geist. Den empfängt Elisabeth, als Maria auf sie zutritt. Da kommt eine heitere Kraft aus ihr, eine heilende und

Rembrandt 1640.

segnende, in der die noch unerfahrene Jüngere sich bergen kann.

Man sagt unter Christen gelegentlich, es komme darauf an, sich »in Gott zu fügen«, wie Maria es tat, als der Engel gesprochen hatte. »Mir geschehe, wie du gesagt hast.« Aber das heißt ja nicht nur, daß ein Mensch sich in den Willen Gottes einfügen soll. Es bedeutet auch, daß der Mensch, wenn er sich fügt, auch sich selbst »fügt«, das heißt, in sich eins wird und ein Ganzes. Er wird heil, und eine Heiterkeit, für die er vielleicht selbst keinen Grund weiß, kommt aus ihm, eine Sorglosigkeit, die der Zukunft alle Schrecken nimmt. Durch den Einbruch des Geistes gesunden wir nicht nur selbst, auch unsere Gedanken wandeln sich. Der Glaube verändert sich auf elementare Weise.

Könnte das Haus, in dem wir wohnen, nicht viel größer sein? Könnte unsere Verantwortung für uns selbst nicht viel größer sein, als wir bisher annahmen? Könnte unsere Erkenntnis nicht viel weiter reichen, als wir bisher dachten? Könnte die Energie in uns nicht viel mächtiger sein, als die wir bisher in Anspruch nahmen? Könnten unsere Entscheidungen nicht viel weiter tragen, als wir meinten? Und könnte es nicht sein, daß der Heilige Geist mehr ist als ein Wort, nämlich eine Kraft? Könnte es nicht sein, daß die »Aussicht nach drüben« doch nicht ganz so hoffnungslos verrammelt wäre? Sind wir also nicht allesamt viel zu zaghaft in unseren Erwartungen und Hoffnungen?

Die Frage ist nur, wieviel wir fassen können, wie groß die Welt sein darf, die wir aushalten. Aber wer Erfahrungen nicht verdrängt, der erfährt nicht nur Auflösung und Unsicherheit, er findet auch die Kraft zu wachsen. Denn Weisheit besteht auch und vor allem in der Fähigkeit, mehr zu sehen, als das Auge wahrnimmt, mehr zu hören, als was sich dem äußeren Ohr bemerkbar macht. Sie besteht in einer Fühligkeit und Intuition, wie das Kind sie hat.

Was wirklich geschieht, wenn ein Mensch das Gehör hat für ein fremdes Wort, das ihn meint, das erzählt die Geschichte von jenem Besuch eines Engels in der Kammer des Mädchens Maria. Ich stelle mir vor, daß Maria mit irgendeiner Arbeit beschäftigt war, als sie hörte, wie eine Stimme sie ansprach. Irgend etwas war im Raum. Ob das ein innerer oder ein äußerer Raum war, konnte sie nicht unterscheiden. Wenn jemand eine Stimme hört, die für andere unhörbar an ihn ergeht, verschwimmt das Innen mit dem Außen. Und sie hört:

»Gegrüßt seist du,
du Begnadete,
Gott sei mit dir.«

Du Begnadete. Das heißt: Du Mensch, dem ein Geschenk zugedacht ist. Du glücklicher Mensch. Gnade ist ja ein Wort für alles, was wir Menschen nicht machen können, nicht fordern, nicht erzwingen, ja nicht einmal erklären, nicht deuten, nur glücklich und dankbar annehmen, wenn es kommt. Gratia, sagt der Lateiner. Und unser Wort Grazie hängt damit zusammen. Wenn einem Mädchen »Grazie«

gegeben ist, dann besitzt es etwas, das man ihm nicht anerziehen kann, das es nicht lernen kann, das es eben ganz einfach – im wunderbaren Unterschied zu tausend anderen Mädchen – hat.

»Du Begnadete«, das ist das erste, was sie hört. »Der Herr ist mit dir.« Das ist das zweite. Er sieht dich. Er hört dich. Er ist dir nahe. Dein Geschick wird sich unter dem Licht seiner Freundlichkeit abspielen. Was er dir zugedacht hat, das darfst du ohne Angst annehmen. Den Weg, den er dir zeigt, darfst du gelassen gehen und wissen: Ich gehe an seiner Hand.

Und als der Redewechsel in der Kammer weiterging, sagte der Engel noch einmal: »Fürchte dich nicht, du hast Gnade bei Gott gefunden.« Und in einem dritten Satz schildert der Engel, worin die Gnade besteht: Heiliger Geist wird über dich kommen, der Schöpferische, der Gestaltende. Die Kraft Gottes wird dich erfüllen. Und was da in dir entstehen soll, das Kind, wird »heilig« sein. Heilig wie Gott. Instrument seines Willens, Repräsentant seiner Güte zu den Menschen. Und du bist der Ort, an dem alles geschieht.

Ich denke mir, daß ein Mensch, dem etwas Vergleichbares widerfährt, den Boden unter den Füßen verliert, daß er flattert an Leib und Seele und auf keine Weise sagen kann, wie er nun mit sich, mit der Welt und Gott und seinem Schicksal zurechtkommen soll. Und ich finde es schön, daß der Engel Maria nicht einfach stehen läßt, sondern ihr in Elisabeth eine Helferin zeigt.

Und so stand Maria auf und wanderte von Nazareth über das samarische Gebirge bis in den Ort bei Jerusalem, in dem

Elisabeth, die Frau des Zacharias, lebte. Und als sie dort hinkam, fand sie die »Fassung« wieder. In die Arme der Älteren eingefaßt, konnte sie ihren Lobgesang anstimmen.

»Meine Seele erhebt den Herrn,
und mein Geist
freut sich Gottes, meines Erretters,
denn er hat seine Magd erwählt
aus ihrer Niedrigkeit.
Wirklich!
Von nun an werden mich Kinder und Enkel
selig preisen!
Denn er hat große Dinge an mir getan,
er, der Mächtige und Heilige.«
Lukas 1, 46–49

Wir sagen, ein Mensch sei »gefaßt«, und wollen sagen, er sei eingefaßt wie ein Edelstein in eine Goldfassung, eingefaßt in Gott und seinen Geist. Und so konnte Maria die ungeheure Einsamkeit ertragen, in die die Begegnung mit dem Engel sie hinausgeführt hatte.

Wilhelm von Humbold hat, was Maria widerfuhr, auf das Geschick aller Menschen hin in eigentümliche Verse gefaßt:

»Nimm's hin
wie's kommt
und such den Sinn,
dem alles frommt.

Geheimer Strom
hat's hergesandt.
Es ist dein Sohn,
dir tief verwandt.

Laß deinen Sohn
dir Führer sein,
versteh den Ton
und schwing dich ein.«

Unsere Schwierigkeit ist freilich nicht die, daß wir zu oft einem Engel begegnen, sondern daß es uns ein Leben lang nicht widerfährt. Da tröstet uns Karl Heinrich Waggerl mit seinem nachdenklichen Gedicht über die Taubnessel:

»Am Straßenrand, bedeckt mit Staub,
blüht eine Nessel, die ist taub.
Sie blüht bei Sonnenschein und Frost,
mühselig, aber doch getrost.
Dereinst am Tage des Gerichts
(sie hört von den Posaunen nichts)
wird Gott ihr einen Boten schicken,
der wird die taube Nessel pflücken
und in den siebten Himmel bringen.
Dort hört auch sie die Engel singen.«

Und für die Zeit, bis auch wir die Engel hören, gibt uns Jesus die sehr einfache und dabei unendlich schwere Regel an die Hand, die zu erfüllen wir wahrhaftig mehr als einen Engel nötig haben:

»Ein neu Gebot gebe ich euch:
daß ihr einander liebt,
wie ich euch geliebt habe.
Daran wird man erkennen,
daß ihr die Meinen seid,
so ihr Liebe füreinander habt.«

Johannes 13, 35

Die Botschaft der Träume

An jenem Tag, an dem die schöne Lau der Frau Betha ihren fröhlichen Traum von dem Abt und seinem Kuß erzählte und Frau Betha ihre Freude nicht so recht teilen konnte, hing die Lau den Mund gar sehr und sagte: »Frau Ahne hat der Traum verdrossen!«, nahm kleinlauten Abschied und tauchte hinunter. Und dort unten tobte sie nun ihren Ärger aus.

Es war kurz vor Mittag, da rief der Pater Speisemeister dem Bruder Kellermeister zu: »Ich merke, es kommt ein Unheil aus dem Topf. Er läuft schon über! Die Lau will wohl euer Faß wieder einmal schwimmen lehren. Tut eure Läden eilig zu, macht alles dicht!«

Nun war aber des Klosters Koch, der Wirtin Sohn, ein lustiger Vogel, den die Lau gerne mochte. Der dachte, ihren Zorn mit einem Scherz zu stillen. Er lief in seine Kammer und zog die Bettschere aus der Lagerstätte – das ist das Gitter, das man seitlich an einem Bett anbringt wie noch heute bei den Kinderbetten, damit der Schläfer nicht aus dem Bett fällt. Die nahm er nun und steckte sie am Blautopf in den Rasen, wo das Wasser über das Wehr hinunterschäumt, und stellte sich in Worten und Gesten wie ein getreuer Diener daneben, der große Sorge hat, seine Herrin könnte im Zorn aus dem Bett fallen, mit dem Hochwasser davongeschwemmt werden und dabei Schaden nehmen. Als nun die Lau das Gitter so schön in den Fluß gesteckt und über den Bach gespreizt sah, kam sie in Ihrem Zorn das Lachen an, und sie lachte so laut, daß man es noch im Klostergarten hörte.

Als sie am Abend wieder zu den Frauen kam, da wußten sie es schon vom Koch und wünschten ihr mit tausend Freuden Glück. Und die Wirtin sagte: »Der Xaver ist von jeher ein Träumer und Kindskopf gewesen. Jetzt kommt uns seine Torheit zugute.«

Einen Schritt kam die Lau damit ihrem Ziel näher. Denn so ist es wohl auch mit dem Kind, das in uns zur Welt kommen soll: Es muß erst ein paar Wände durchbrechen, etwa auch die Wand der Enttäuschung und des Ärgers. Das geschieht manchmal durch einen Kindskopf und Spaßvogel in uns, der nichts allzu ernst nimmt. und der ist nun einmal ein Träumer, dessen Erkenntnisse in Träumen zu uns kommen.

»Gott redete im Traum zu ihm«, sagt die Bibel an vielen wichtigen Stellen. »Ihm erschien ein Engel im Traum.« Oder: »Er empfing Weisung im Traum.«

Daß Träume uns Wege zeigen können, wissen wir heute wieder. Es sind ja unsere Gedanken, die da spazierengehen, während wir schlafen, die schauen und hören, was wir sonst nicht hören oder wahrnehmen. Es ist unsere eigene Seele, die sich öffnet für ein Bild oder ein Wort.

Einer wollte, erzählt die Bibel, eine junge Frau heiraten. Da stellte sich noch vor der Hochzeit heraus, daß sie schwanger war. Das war unbegreiflich, es war nicht nur peinlich, es lag darin für ihn so etwas wie eine Lüge, ein Verrat.

Eine junge Braut ist für den Mann Inbegriff alles Lebendigen, alles Liebens- und Schützenswerten, alles Schönen und Heiligen, und ihr Bild ist verletzlich. Es ist zerstörbar. Und wenn es zerstört ist, geht im Mann mehr zugrunde als nur die Liebe zu dieser jungen Frau.

»Er hatte vor, sie heimlich zu verlassen.
Während er aber so dachte, schau!
Da erschien ihm ein Engel Gottes im Traum:
Joseph, du Sohn Davids,
fürchte dich nicht, Maria als dein Gemahl
zu dir zu nehmen,

denn ihr Kind ist aus heiligem Geist.
Du sollst es Jesus heißen,
denn es wird ein Retter seines Volkes sein …

Als nun Joseph vom Schlaf erwachte,
tat er, wie ihm der Engel geboten hatte,
und nahm sie als seine Frau zu sich.«

Mattäus 1,19b–21.24

Wohl das schönste Bild des Kindes Jesus stammt von Giovanni da Fiesole, den wir Fra Angelico nennen, einem Dominikanermönch, der in der ersten Hälfte des 15. Jahrhunderts in Fiesole wirkte. Die Reinheit einer geistigen Erscheinung, eines Engels oder auch des göttlichen Kindes ist wohl weder vor noch nach ihm jemals wieder so in die Farben und Formen der Malerei eingegangen.

Denn dies ist nicht irgendein Jesuskind, irgendeinem Säugling oder Kleinkind nachgemalt. Kein wirkliches Kind hat diese Bewußtheit und diese Dichte des Ausdrucks oder die herrscherliche Kraft der Haltung und der Geste. Es ist das göttliche Kind schlechthin, das Innenbild jenes Christus in uns, von dem Paulus spricht. Und in der Kugel, die es auf der linken Hand trägt, zeigt es nicht nur die Welt. Es zeigt auch die Vollkommenheit eines Menschen, in dem dieses Kind Raum gefunden hat. Von ihm sagt Paulus, es trete an die Stelle, an der bis dahin sein Ich gestanden habe, und es wolle nun wachsen, es wolle erwachsen werden, bis wir selbst das Maß des

erwachsenen Christus angenommen hätten und so das Leben Christi, das ewige, an die Stelle unseres sterblichen Wesens getreten sei.

Wie sich die Lebensgeschichte des Joseph äußerlich abgespielt haben mag, scheint mir nicht wichtig zu sein. Sie ist eine innere Geschichte, und ihr Sinn liegt in uns. Sie redet davon, auf welche Weise das göttliche Kind in die Welt tritt und wie wir ihm helfen können, zu leben und zu wachsen. Sie redet davon, wie wir mit Erfahrungen unserer Seele umgehen sollen. Wichtig ist ihr, was da ein Engel zu einem Menschen sagt, was also dort geschieht, wo wir normalerweise uns nicht aufhalten. Denn der Umgang mit dem göttlichen Kind geschieht in großer Einsamkeit. Und dort, in der Einsamkeit des Horchens und Wartens und Aufnehmens, fallen die Entscheidungen, dort bewahren wir unser Wissen um die Gründe und Zusammenhänge unseres Glaubens.

Joseph also soll bleiben, aushalten, annehmen, was da auf so fremde Weise zu ihm kommt und seine Standfestigkeit, seine Treue und Hingabe fordert. Und das Erstaunliche an der Gestalt des Joseph ist, daß er – für einen Mann ganz untypisch – sich von seinen Träumen führen läßt. Denn immer wieder ist es ein Traum, der ihm seinen Weg weist. Als das Kind in Bethlehem geboren ist,

»da erschien der Engel des Herrn dem Joseph im Traum:
Steh auf, nimm das Kind und seine Mutter
und flieh nach Ägypten

und bleibe dort, bis ich es dir sage,
denn Herodes hat die Absicht, es zu töten.

Und Joseph stand noch in der Nacht auf, nahm das Kind
und seine Mutter zu sich und wich nach Ägypten aus,
und er blieb dort bis nach dem Tod des Herodes...«

Mattäus 2,13–15

Er hat seine Mühe mit dem freiwillig übernommenen Kind. Genügte es nicht, daß er die Reise nach Bethlehem hatte unternehmen müssen? Genügte es nicht, daß seine Werkstatt in Nazareth monatelang leerstand? Nun auch noch, und zwar für Jahre, nach Ägypten! Und wieder ist da diese erstaunliche Hörsamkeit. Er steht auf und geht. Und alles um dieses merkwürdigen fremden Kindes willen.

Aber die Geschichte des Mannes Joseph geht weiter. Als Herodes gestorben war, erschien der Engel dem Joseph in Ägypten zum drittenmal im Traum:

»Steh auf, nimm das Kind und seine Mutter zu dir
und kehre ins Land Israel zurück;
die dem Kind nach dem Leben standen,
sie sind gestorben.

Und so stand er auf und nahm das Kind und seine Mutter
und kam ins Land Israel.«

Mattäus 2,19–21

Als er aber hörte, daß Archelaus an der Stelle seines Vaters Herodes in Judäa König war, fürchtete er sich, dorthin zurückzukehren, und im Traum kam ein Wort von Gott zu ihm, er solle nach Galiläa gehen. Und so endlich kehrte er nach Nazareth zurück.

Vier Träume. Wegweisungen. Impulse. »Fürchte dich nicht«, sagt der Engel. »Steh auf«, sagt er. Und noch einmal: »Steh auf« und ein viertes Mal: »Geh!«

Wenn aber ein Engel das Wort nimmt, was wird er uns sagen? Vielleicht hören wir ihn etwa so reden: Du mußt davon ausgehen, daß der Geist Gottes dir etwas sagen will, das dir nicht vertraut ist. Es kann sein, daß er in irgendeiner Erfahrung, die dir fremd und unangenehm und schmerzlich ist, zu dir spricht. In merkwürdigen Gefühlen und dunklen Ahnungen. Und vielleicht siehst du dabei keinen Engel, wie du ihn dir vorstellst. Du kannst plötzlich entdecken, daß du deine Zeit nicht mehr damit verbringen kannst, zu sitzen und den Abend zu erwarten, sondern daß du etwas tun mußt. Es ist gar nicht so selten, daß ein Engel sagt wie zu Joseph: Steh auf! Da ist ein Weg, da ist etwas, das ist dir anvertraut, nimm es in acht. Und dann geht einer hin und fängt an, Sterbende zu begleiten, Häftlinge zu besuchen oder irgend etwas Politisches oder Nichtpolitisches um der Menschen willen zu tun, um des Kindes in den Menschen willen.

Und wenn er aufgestanden ist und seinen Auftrag erfüllt, kann geschehen, was Martin Luther King erzählt:

»Ich konnte nicht schlafen. Es war mir, als bräche alle Angst und Not der letzten Wochen auf einmal über mich herein. Ich war am Ende meiner Kraft. Ich saß am Küchentisch und grübelte darüber nach, wie ich von der Bildfläche verschwinden könnte, ohne als Feigling zu erscheinen. In diesem Zustand äußerster Erschöpfung und völliger Mutlosigkeit legte ich Gott meine Not hin. Den Kopf in den Händen, betete ich laut. Die Worte in dieser mitternächtlichen Stunde sind mir noch in lebendiger Erinnerung: ›Herr, ich glaube, daß ich für eine gerechte Sache kämpfe. Aber ich habe jetzt Angst. Ich kann nicht mehr weiter. Ich habe einen Punkt erreicht, wo ich es allein nicht mehr schaffe.‹ In diesem Augenblick erlebte ich die Gegenwart Gottes wie nie zuvor. Mir war, als hörte ich eine innere Stimme, die mir Mut zusprach: ›Stehe auf für die Gerechtigkeit! Stehe auf für die Wahrheit! Und Gott wird immer an deiner Seite sein!‹ Fast augenblicklich waren meine Ängste dahin. Meine Unsicherheit verschwand. Ich war bereit, allem ins Auge zu sehen.

Die Furcht klopfte an die Tür. Der Glaube antwortete. Niemand trat ein.«

Gelassenheit, wie sie der ältere Mensch gewinnen kann, ist ja nicht Gleichgültigkeit. Sie besteht darin, daß einer sich selbst losläßt. Daß nicht mehr er selbst der Mittelpunkt seines Wesens ist, sondern der entstehende Christus in ihm, der neue Mensch, das göttliche Kind. Ob Joseph wirklich ein alter Mann war, wie die Legende und die christliche Kunst meinen, steht dahin. Aber Joseph in der Gestalt eines alten Menschen meint eben dies, daß der Mensch selbst abnimmt, damit das Kind Raum findet in der Welt.

Wozu wird man alt? fragt sich mancher und kann nichts Nützliches darin sehen, daß seine Kräfte abnehmen. Aber diese Veränderung hat eine Botschaft in sich: Du wirst noch gebraucht, du hast noch etwas zu tun. Vielleicht nicht einmal für andere Menschen, wohl aber für den neuen Menschen in dir selbst. Und wenn dir das nichts sagen will, dann fang damit an, daß du auf deine Träume achtest und den Engeln, die dir dabei begegnen, vertraust.

Und was wir in der Begegnung mit Träumen erfahren können, das ist, daß uns auf diesem Weg ein Strom geistig-seelischer Kräfte, kosmischer Kräfte, entgegenkommt. Denn Träume sind keineswegs Schäume, sie sind ein Ort, an dem Kräfte spielen, kämpfen, sich ausdrücken, auftauchen und weggehen. Wie Gedanken nicht aus Luft bestehen, sondern Energien sind, so sind es noch viel mehr die Träume. Wer das einmal ernst genommen hat, für den ist die Vorstellung von Wesen und Mächten außerhalb und oberhalb des Menschen im Grunde einfach und selbstverständlich. Ich habe einige der wichtigsten Einsichten in meinem Leben aus Träumen empfangen, nicht durch das, was der Kopf bei Tage dachte.

Gelassenheit ist eine Art anhaltender Geistesgegenwart, die den Horchenden und Schauenden souverän macht, unabhängig, vornehm, gesammelt und bescheiden zugleich. In der

Gelassenheit liegt das Vertrauen, daß die Klaviatur des Lebens nicht nur eine Oktave umspannt, sondern mehrere, über die Hörfähigkeit eines menschlichen Ohrs hinaus unendliche. Und daß ihre Töne unser Ohr finden in dem Augenblick, in dem sie uns bestimmt sind.

»Ich halte die tauben Ohren mir zu.
Dann höre ich dich manchmal ganz leise sprechen«,

habe ich einmal irgendwo gelesen; und ein afrikanisches Sprichwort sagt:

»Das Land in deinem Herzen
kannst du nicht selbst bestellen.
Den Weg zu dir selbst
kannst du nicht selber finden.
Das Wort, das dir hilft,
kannst du nicht selber sagen.«

Und Jesus sagt bei seinem Abschied:

»Wenn jener, der Geist der Wahrheit,
kommen wird,
wird er euch in alle Wahrheit leiten,
denn er wird nicht aus sich selbst reden,
sondern was er hören wird, wird er reden,
und was zukünftig ist,
wird er euch verkündigen.«

Johannes 16, 13

Den neuen Ton hören

Als der Zauberlehrling damals die Tiefe des Blautopfs ausgelotet hatte und statt des Lots plötzlich kuriose Dinge an seiner Schnur hingen, setzte er sich, wirr im Kopf, hinter den Ofen und sagte am Tag wohl hundertmal einen alten Vers vor sich hin, von dem kein Gelehrter im ganzen Schwabenland Bescheid zu geben weiß, woher und wie und wann erstmals er unter die Leute gekommen. Denn von sich selber hatte er es nicht. Man gab ihn lang vor seiner Zeit wie noch heutigen Tages den Kindern scherzweise auf und probierte, wer ihn ganz rasch nacheinander ohne Tadel am öftesten hersagen könne. Die Worte lauten:

»'s leit a Klötzle Blei glei bei Blaubeura,
glei bei Blaubeura leit a Klötzle Blei.«

Eines Abends saßen die Frau Betha und ein paar Mädchen wieder beieinander, und die Lau saß bei ihnen. Da hätte eine von ihnen gerne gewußt, ob die schöne Lau das Bleilot noch habe und was sie damit tue, und Frau Betha hakte noch ein bißchen nach und sprach zur Lau: »Stimmt's? Ihr macht Euch bisweilen unsichtbar, geht herum in den Häusern und guckt den Weibern in die Töpfe, was sie zu Mittag kochen. Schön, wenn man so ein Lot hat, das unsichtbar macht! Schön für vorwitzige Leute!« Denn das Blei hatte die Kraft, unsichtbar zu machen.

Da fing eines der Mädchen an, halblaut das närrische Verslein herzusagen, die anderen probierten es auch, und jede wollte es besser können, aber keine brachte es zum dritten oder vierten Mal glatt aus dem Mund, und es war viel Gelächter in der Stube. Zum letzten mußte es die schöne Lau probieren, die Jutta ließ ihr keine Ruhe. Sie wurde rot bis an die Schläfe, aber sie fing an und vorsichtigerweise ganz langsam:

»'s leit a Klötzle Blei glei bei Blaubeura.«

Die Wirtin rief ihr zu, so sei es keine Kunst, es müsse gehen wie geschmiert. Da nahm sie ihren Anlauf frisch drauflos, kam auch alsbald vom Pfad ins Stoppelfeld, fuhr kreuz und quer und wußte nicht mehr gicks noch gacks. Jetzt, wie man denken kann, gab es ein Gelächter in der Stube, das hättet ihr nur hören sollen, und mitten daraus hervor der schönen Lau ihr Lachen so hell wie ihre Zähne, die man alle sah.

Als ich ein Junge war, haben wir dieses Verslein stundenlang geübt, und wir brachten es sicher auf zwanzig oder dreißig Mal, daß wir es fehlerfrei heruntersagen konnten. Und wir haben gemerkt, daß es dabei nicht so sehr auf den schnellen Mund ankommt als vielmehr auf das genaue Hören. Freunde aus Norddeutschland, denen wir es zum Nachsagen aufgaben, konnten es, so schnell sonst ihr Mundwerk war, nicht aufsagen, weil sie einfach nicht genau zuhörten, wie es auf schwäbisch klang. Und heute sage ich: Wir könnten viel mehr wissen und auch viel mehr aussprechen, wenn wir lernten, Stimmen zu hören, die uns fremd sind. Denn wenn wir anfangen zu horchen, nach innen oder nach »drüben«, dann kann jederzeit ein Wort an uns ergehen. Dann wissen wir plötzlich: Jetzt muß ich zuhören. Da will mir jemand etwas sagen, das wichtig ist.

Mich beschäftigt zum Beispiel der Junge auf dem Bild des Holländers Hendrik ter Bruggen auf der folgenden Seite. Er hat ihn, eine Nebenfigur, auf sein Bild von der Berufung des Jüngers Mattäus durch Jesus gemalt; und mich interessiert, was im Kopf eines solchen jungen Menschen vorgeht, der ein Wort hört, das ihm nicht gilt, dessen Gewicht und Sinn er aber zu ahnen beginnt. Er sieht, wie Jesus auf Mattäus zutritt, er hört, was er ihm sagt: »Komm, folge mir nach.« Er hört das Wort beiläufig und ist nicht darauf vorbereitet.

Es betrifft ihn nicht, und doch trifft es ihn wie ein Schlag. Das also soll es geben, daß einer sich aus allem lösen muß, was ihm vertraut ist, mitgehen in die Ungesichertheit, und daß dabei nach Meinung dieses Mannes aus Nazareth erst das aus ihm wird, wozu er bestimmt ist. Der Junge hört, und er wehrt sich und begreift doch, daß irgend etwas in ihm, etwas sehr Wichtiges, berührt ist. Er hört einen Ton, den er nicht kennt und den er von da an im Ohr haben wird.

Ich erinnere mich, daß, als ich dreißig war, ein großes Mißtrauen unter meinen Altersgenossen und denen, die ein wenig jünger waren, umging. Mit diesem Mißtrauen werden mittlerweile viele alt. Es war die »skeptische Generation« damals, wie man sie nannte. Und es gab Grund genug, skeptisch zu sein. Wir hatten erlebt, wie unsere Ideale vom Vaterland und von der großen Volksgemeinschaft mißbraucht und unser Einsatz für das größere Ganze auf den Schlachtfeldern Europas ausgenützt wurde. Was waren große Worte noch wert 1945 oder 1950, als wir heimkamen? Wir hörten wohl wieder viele neue Worte, aber geglaubt haben viele unter uns seitdem nicht mehr. Was tun? Wie löst man sich aus einem Schock, der durch die Jahrzehnte nachwirkt? Wie fangen die großen und die kleinen Worte wieder an zu reden, nachdem nun fast vierzig Jahre lang vor allem das Geld geredet hat und die Macht und man vor allem gehört und gesagt hat, es lohne sich wohl nur zu glauben, was man sehen und in die Tasche stecken könne?

Was der Junge sieht, das ist zunächst etwas Gewohntes: einen der mit Geld und Macht befaßten Zolleinnehmer, die ein Mensch, der auf sich hält, übersieht und übergeht. Der sitzt an seinem Tisch und klimpert mit dem Geld. Und wenn einer nicht zahlen will, hat er die Schläger im Hintergrund, die ihm sein Geld schon beschaffen werden. Er sieht, was wir

alle täglich sehen, nämlich wie Politik gemacht wird im kleinen und im großen. Eine Politik, in der sich unverfälscht ausdrückt, was der Mensch nun einmal ist, unabhängig von Ländern und Zeiten.

Auf diesen Menschen geht der fremde Mann aus Nazareth zu und fordert ihn auf, sein Geld liegen zu lassen und aufzustehen. »Komm!« sagt er und mutet ihm zu, Beruf und Familie hinter sich zu lassen, Sicherheit und Ansehen, und einen einsamen, ungewissen Weg zu gehen, ausschließlich orientiert an ihm, dem Mann, der ihn rief. Und er sagt ihm von da an jene Worte, die Mattäus später aufschreibt: Ihr habt gehört, daß es so und so unter den Menschen zugeht. Ich aber sage euch dies und dies und dies. Und die Welt des ehemaligen Zöllners verändert sich dabei, er selbst verändert sich. Sein Urteil über die Menschen ändert sich.

Der Junge auf dem Bild ter Bruggens hat es schwer, zu glauben, daß dieser Mann, den er kennt, dieser Geldmensch, sich ändern könne. Aber auch ihm selbst ist ja nur geholfen, wenn er nicht auf den Menschen schaut, den er kennt, sondern auf den Fremden, der ihm etwas zu sagen hat. Er wird anders wohl kaum etwas Hoffnungsvolles in dieser Welt entdecken und wird mit seiner Skepsis alt werden.

Es kann sein, daß wir eines Tages an einen Punkt kommen, an dem uns nichts von dem, was wir unser Leben lang wichtig fanden, mehr trägt und überzeugt. Einen Punkt, an dem wir, sehr schlicht gesprochen, gut daran tun, auf nichts und niemanden mehr zu hören als auf das leise Wort, das von Jesus Christus her zu uns kommt. An dem wir nicht mehr die Zöllnersprache hören, die unsere Welt beherrscht, und nicht das, was alle sagen. An dem wir uns abwenden und uns auf jene andere Stimme konzentrieren und den Ruf auf uns beziehen. Denn wir sind gemeint.

Das Hören kann gelingen, wenn wir eines Tages nicht mehr aufnehmen, was der Lärm sagt und das Geleier und das Getön, und wenn wir dann auch im Gelärme nicht mehr mitlärmen. Und dazu haben wir von einem bestimmten Alter an alles Recht. Vielleicht klingt das Neue, das wir dann sagen, zunächst so närrisch wie der Spruch vom Klötzle Blei. Aber man muß es eben immer wieder üben und darf dabei über seinen eigenen unzureichenden Erfolg durchaus auch lachen. Es ist eben eine neue Sprache, die da zu lernen ist.

Von Petrus wird erzählt, er sei eines Tages einem Gelähmten begegnet, der ihn um Geld anbettelte. Da habe Petrus gesagt: »Gold und Silber habe ich nicht, was ich aber habe, das gebe ich dir.« Und nahm ihn an der Hand und richtete ihn auf. Von einem bestimmten Alter an soll man das mitsprechen. Das alles, um das wir uns ein Leben lang Sorgen gemacht haben, habe ich nicht mehr. Ich kann vieles nicht mehr, was andere können. Ich tue vieles nicht mehr, was andere tun. Ich leiste nicht mehr, was andere leisten. Was ich aber habe, das ist ein gutes Wort. Keine Klage über die böse Welt, keine Suche nach Schuldigen für dieses oder jenes Elend, kein Einstimmen in das alltägliche Lamentieren. Sondern ein Wort, das ich von ihm, dem Einzigen, auf den zu hören sich bis ans Ende lohnt, gehört habe. Ein Wort aus der lebendigen Stille, in der ich höre. Und vielleicht lernt doch dieser oder jener an seiner Seele gelähmte Mensch das Gehen.

Alt werden heißt sich wandeln. Freiwillig oder nicht. Ich kann mich vom Zöllnertisch wegschieben lassen zum alten Eisen oder sonstigem Müll, oder ich kann mich wegrufen lassen von einem Meister, der mich neu in die Lehre nimmt, und dabei das Sprechen lernen, wie es die schöne Lau unter den Menschen lernen mußte, um lachen zu können.

Wie ich das üben kann? Vielleicht so, daß ich lerne, ein Vogelgezwitscher deutlicher zu vernehmen als den Straßenlärm, der es übertönt. Oder das Rinnen eines Baches in mein Ohr einzulassen statt des Geplappers der Menschen. Oder die innere Musik zu vernehmen, die das Kind David in die Seele des alten Saul hineingespielt hat, so daß es ihm »leichter und besser« wurde.

»Man muß die Musik des Lebens hören.
Die meisten hören nur die Dissonanzen«,

sagt Theodor Fontane. Und Franz Marc, der Maler, wendet sich an einen Freund:

»Wie kannst du eigentlich im Evangelium lesen
und doch Angst haben?
Mir ist das ganz unverständlich.
Lies deinen Nerven aus dem Evangelium vor,
da müssen sie doch ruhig werden
und dein ganzes Wesen muß fröhlich werden.«

Im Evangelium des Johannes lesen wir ein Wort des Meisters:

»Als das Fest auf seinem Höhepunkt war
und ehe es zu Ende ging,
rief Jesus aus:

Wenn jemand dürstet,
komme er zu mir und trinke!
Wer an mich glaubt,
dem werden Ströme frischen Wassers zufließen:
Geist aus Gott.«

Johannes 7, 37–39

Das Wunder schauen

Nun ging aber im Blautopf und darum herum ein Monat nach dem anderen vorbei, und es wollte sich von einem neuen Lachen nichts zeigen. Martini war vorbei, und es waren noch wenig Wochen, dann standen die Boten wieder vor der Tür. Da wurde es den Wirtsleuten selber bang, ob in diesem Jahr noch etwas zustande käme, und alle hatten große Mühe, die Frau zu trösten. Aber je größer die Angst der Lau war, desto weniger war zu hoffen.

Damit sie ihren Kummer leichter vergesse, lud Frau Betha gelegentlich für sie zu einem Lichterabend ein, zu dem nach dem Abendessen ein halb Dutzend muntere Mädchen und Frauen aus der Verwandtschaft sich in einer abgelegenen Stube mit ihren Spinnrädchen zusammensetzten. Die Lau kam da nun jeden Abend in Juttas altem Rock und Kittel und ließ sich weit weg vom warmen Ofen in einem Winkel auf dem Boden nieder und hörte dem Geplauder zu. Am Anfang als stummer Gast, aber bald wurde sie zutraulich und mit allen bekannt. Um ihretwillen machte sich Frau Betha eines Abends an die Arbeit, ihr Weihnachtskripplein für die Enkel herzurichten. Die Mutter Gottes mit dem Kind im Stall, dazu die drei Weisen aus dem Morgenland, einen jeden mit seinem Kamel, auf dem er hergereist kam und seine Gaben brachte. Dies alles neu zu bemalen und zu leimen, was etwa locker war, saß die Frau Wirtin am Licht mit ihrer Brille, und die Wasserfrau schaute ihr mit höchlichem Ergötzen zu. Sie hörte auch gerne, was ihr dabei von heiligen Geschichten erzählt wurde, auch wenn sie es nicht dem rechten Verständnis nach begriff oder sich zu Herzen nahm, auch wenn die Wirtin das gerne erreicht hätte. Frau Betha wußte auch viele lehrreiche Fabeln und Denkreime, auch geistreiche Fragen und Rätsel, die gab sie nacheinander an solchen Abenden zu raten, weil vor allem die Wasserfrau das liebte und immer zufrieden schien, wenn sie das Rätsel das eine oder andere Mal traf, was jedoch nicht leicht gelang. Eins gefiel ihr besonders, und was damit gemeint sei, das nannte sie ohne Besinnen:

»Ich bin eine dürre Königin,
Trag auf dem Haupt eine zierliche Kron',

Und die mir dienen mit treuem Sinn,
Die haben großen Lohn.

Meine Frauen müssen mich schön frisiern,
Erzählen mir Märlein ohne Zahl,
Sie lassen kein einzig Haar an mir,
Doch siehst du mich nimmer kahl.

Spazieren fahr' ich frank und frei,
Das geht so rasch, das geht so fein;
Nur komm' ich nicht vom Platz dabei –
Sagt, Leute, was mag das sein?«

Darüber sagte sie, fröhlicher als vorher: »Wenn ich dereinst wieder in meiner Heimat bin und ein schwäbisches Landeskind, zumal aus eurer Stadt, auf einer Kriegsfahrt oder sonst durch das Land der Walachen und an unser Gestade kommt, dann soll es mich mit meinem Namen rufen, dort, wo der Strom am breitesten ins Meer hineingeht – ihr müßt verstehen, zehn Meilen ins Meer hinaus erstreckt sich meines Mannes Reich, so weit das süße Wasser es mit seiner Farbe einfärbt –, dann will ich kommen und dem Fremdling raten und helfen. Damit er aber sicher sei, daß ich es bin und nicht eine andere, die ihm schaden möchte, soll er dieses Rätsel aufsagen. Niemand aus meinem Geschlecht außer mir wird ihm darauf antworten, denn dortzulande kennt man solche Spinnrädlein, wie ihr sie in Schwaben habt, nicht. Und sie kennen auch eure Sprache nicht, darum soll das die Losung sein.«

Da sitzt also die schöne Lau unter den Frauen und sieht mit höchlichem Ergötzen, wie die Wirtin ihr die Weihnachtsgeschichte vor Augen stellt. Sie begreift zwar nicht, was sie bedeutet, und kann sie auch nicht glauben, aber sie sieht die Figuren, die Tiere, den Stall, den Stern, die Lichter, und über dem Schauen wächst ein Vertrauen, über alle Fremdheit hinweg entsteht etwas wie ein Bündnis zwischen dem fremden Wasserwesen und den Menschenkindern.

Mir fällt eine Frau ein, die so schaut, so mit den Augen an etwas hängt, das sie sieht, vielleicht ohne schon alles zu verstehen. Francisco de Goya hat sie in die Gewölbekuppel der Kirche San Antonio de la Florida in Madrid gemalt: eine einfache Frau, die sich auf eine Balustrade stützt, ganz gefangen von etwas, das sie sieht. Was sieht sie? Auf der gegenüberliegenden Seite der Kuppel wendet sich einer einem Toten zu, der sich eben aus dem Grab erhebt. Sie sieht das, was man ein Wunder nennt, und sie beugt sich vor, um näher zu sein und besser zu sehen. Und wie um alle anderen Bilder abzuschirmen, hängt ihr das Kopftuch über die Stirn herein, und die Augen verschwinden fast in seinem Schatten. Tief aus ihr selbst heraus kommt da ein Sehen, ein Schauen, ein Erfassen von etwas, das ihr bislang nicht begegnet war. Und das Bild von drüben, das Bild eines Wunders, dringt tief in sie ein.

Der Mensch ist ein Augenwesen. Unser ganzes inneres Leben nährt sich von den Bildern, die wir sehen. Und das sind Bilder von draußen, die die Welt abbilden, und Bilder von innen, die uns in unserer eigenen Seele begegnen. Eines der

Bilder zwischen innen und außen ist das von jenem Kind, von dem dieses Buch spricht, dem Kind, das in uns die Augen aufschlagen soll.

Im Alten Testament erscheint eine seltsame, lichte Gestalt: ein Kind, das vor Gottes Thron spielt, ein Kind mit dem Namen »Weisheit«: Sophia. Und dieses Kind, so sagt die Bibel, hat als Instrument Gottes diese Welt geschaffen. Jedes Kind ist Weltschöpfer, indem es die Schöpfung in sich einläßt und sie in seiner Freude neu schafft. Das kühne Wort der Mystiker, Gott sei nicht ohne den Menschen, verwirklicht sich im Spiel, im Betrachten, im Malen, im Bewundern, im Spiegeln und Nachschaffen.

»Ich selbst muß Sonne sein«, sagt Angelus Silesius,
»ich muß mit meinen Strahlen
das farbenlose Meer
der ganzen Gottheit malen.«

»So ihr nicht werdet wie die Kinder«, sagt Jesus. Ein Kind sieht in seiner Welt mehr als wir Erwachsenen. Es wird nur von seinen Fähigkeiten weg-erzogen.

Und was mich selbst betrifft, der ich das schreibe – ich habe als junger Mensch gemalt und wollte einmal Maler werden. Jetzt, an der Grenze zum Alter, fange ich es wieder an, und vielleicht werden mir noch ein paar Jahre geschenkt, in denen ich nichts mehr tue, als mit Farben auf einem Stück Papier ein paar Lichter aus der Herrlichkeit dieser Welt zu malen.

Manchmal erscheint in einem Traum ein Kind, umgeben von goldenem Glanz. Die Weihnachtsgeschichte erzählt es aus einer lange vergangenen Zeit. Und Frau Betha tut das Richtige, indem sie der schönen Lau, die kein lebenskräftiges Kind zur Welt bringen kann, das eine Kind zeigt, in dem nicht die Lebenskraft der Mutter allein, sondern das Licht Gottes in die Welt kommt. Wie soll sie das Lachen lernen, wenn sie nichts weiß von der Liebe Gottes, die zu ihr kommen will? Da redet ein Engel zu ein paar Menschen. Die gehen hin und erkennen in einem ganz normalen Säugling das göttliche Kind, das der Engel angekündigt hatte. Und sie werden fähig, Gott zu loben und zu preisen, das heißt, sie begreifen, daß nun alles gut ist – um sie her und in ihnen selbst.

Die Frau auf unserem Bild sieht ein Wunder. Die Menschen um Jesus her sahen »Wunder«, das heißt Ereignisse an der Grenze zwischen dem Sichtbaren und dem Unsichtbaren, Ereignisse an der Grenze auch zwischen unserer Außenwelt und unserer eigenen Seele. Beides muß zusammenkommen: die Ausweitung unseres Sehens über die Grenzen des Sichtbaren hinaus und die Verbindung dessen, was unsere Augen sehen, mit dem Sehen unserer Seele.

Letztlich entscheiden unsere Augen, was wir sehen. Wenn wir wollen, sehen wir überall den Schatten des Bösen. Und wenn wir wollen, nehmen wir das Licht der Engel wahr. Unsere Augen wählen aus. Wenn wir Finsternis sehen und sie einlassen, machen wir uns selbst krank, nachtkrank. Wenn wir das Licht zu sehen bereit sind, öffnen wir einer heilenden Kraft den Weg in unsere Seele.

Wie kann man das üben? Es sind sehr einfache Dinge – wie beim Einüben des Hörens. Ob es um einen Menschen her schön ist, das ist nicht gleichgültig. Ob jemand fähig ist, für sich allein einen schönen Tisch zu decken, kann ein Zeichen dafür sein, ob er fähig ist, in der Welt überhaupt das zu sehen, was heilt, was ordnet, was Kräfte gibt und die Lebendigkeit des inneren Menschen weckt. Wer sich in äußeren Dingen gehen läßt, läßt den Haushalt in sich selbst verkommen. Auch die Seele ist ein Haus, entweder das Haus der Lau in dem tiefen See, in dem die Trauer herrscht, oder das Haus der Frau Betha, wo Lichter brennen, wo Menschen zusammenfinden und Lebendigkeit und Lachen zu Hause sind. Ob jemand für sich selbst ein Licht anzünden kann, ob jemand mit sich selbst freundlich umgeht, das zeigt, ob er sich als Kind Gottes fühlt oder nicht. Das Leben soll etwas Festliches an sich tragen und immer wieder von einem festlichen Tag bestimmt sein.

Wenn jemand sich einmal vorgenommen hat, täglich zehn Dinge schön zu finden, dann begegnet er täglich nicht nur zehn, sondern hundert schönen Dingen. Und das ist nun Nahrung für die Seele, Atem für die Seele, Heilmittel und Wohltat. Er lernt, und das ist das Wichtigste, wenn jemand in dieser Welt etwas von Gott wahrnehmen will, das Staunen und das Lieben. Die Staunenden und Liebenden leben gesegnet. Sie finden, was schön ist, auch in den Menschen, und sie können die Menschen, diese seltsamen Lebewesen auf Gottes Erde, auch ein wenig lieben.

Wer gelernt hat, in den sichtbaren Dingen die unsichtbaren wahrzunehmen, für den lösen sich allmählich alle Grenzen auf. Die Legende erzählt von einem chinesischen Maler, der ein Meister war. Zuletzt malte er ein Bild mit einem Weg, der in die Ferne führte, dorthin, wo die Erde den Himmel berührt. Und seine Schüler sahen zu, wie er diesen seinen Weg beschritt und vor ihren Augen verschwand.

Eine Legende, die ähnliches sagt, liebe ich besonders:

»Ein Hirt saß bei seiner Herde am Ufer eines großen Flusses, der am Rande der Welt fließt. Wenn er Zeit hatte, schaute er über den Fluß und spielte auf seiner Flöte.

Eines Abends kam der Tod über den Fluß herüber und sagte: Ich komme und möchte dich mitnehmen auf die andere Seite. Hast du Angst?

Warum Angst? fragte der Hirt. Ich habe immer hinübergeschaut über den Fluß, seit ich hier bin. Ich weiß, wie es dort ist.

Da legte ihm der Tod die Hand auf die Schulter, und der Hirt stand auf und fuhr mit ihm über den Fluß, als wäre nichts.

Das Land am anderen Ufer war ihm nicht fremd, und die Töne seiner Flöte, die der Wind hinübergetragen hatte, waren noch da.«

Reinhold Schneider sagt dasselbe mit anderen Worten:

»Der Weg endet ja nicht, wo wir meinen;
der Herr führt uns durch die Wand hindurch,
und am wahren Ende des Wegs ist alles Licht.«

»Glauben heißt
durch den Horizont blicken«,
sagt ein afrikanisches Sprichwort.

Und ein Morgenhymnus des Simeon, eines Mönchs der Ostkirche, lautet:

»Wieder leuchtet mir das Licht.
Wieder schaue ich klares Licht.
Wieder schließt es mir den Himmel auf
und verscheucht mir die Nacht.
Wieder deckt es alles auf
und bringt mir alles an den Tag.
Wieder hebt es mich empor über alles,
was sichtbar ist…
Wieder weilt, der über den Himmeln ist,
den keiner der Menschen je gesehen,
in mir.
Hier bin ich gänzlich ich selbst,
wo nur noch Licht um mich ist,
ja, nur noch Licht.
Und da ich es schaue,
werde ich selber einfach
und ohne Falten.«

Und Angelus Silesius rät:

»Freund , so du etwas bist, so bleib doch ja nicht stehn,
man muß von einem Licht fort in das andre gehn.«

Jesus Christus sagt, während er Abschied nimmt von seinen Freunden:

»Ich habe bisher in Bildern zu euch geredet.
Es kommt die Zeit,
da werde ich unmittelbar zu euch reden
ohne Bild.«

Johannes 16, 25

»Es ist noch eine kleine Zeit,
dann wird die Welt mich nicht mehr sehen.
Ihr aber sollt mich sehen,
denn ich lebe,
und ihr sollt auch leben.«

Johannes 14, 19

Den Abschied feiern

Immer noch bin ich nicht zu Ende gekommen mit der Geschichte von der schönen Lau, und immer noch ist ja auch der Ausgang ungewiß:

Als nämlich allgemeine Fröhlichkeit herrschte im Haus der Betha, gab es plötzlich einen mächtigen Schrecken. Der Sohn des Hauses, der Wirt, – er kam eben mit dem Wagen von einem Dorf auf der Höhe und fand die Knechte verschlafen im Stall – sprang hastig die Stiege herauf, rief seine Mutter vor die Tür und rief, so daß alle es hören konnten: »Um Gottes willen, schickt die Lau nach Haus! Hört ihr nicht den Lärm im Ort? Der Blautopf läuft über, die untere Gasse ist schon unter Wasser, und im Berg unter der Quelle ist ein Getöse und ein Rollen, als wenn die Sintflut käme.«

Während er noch so sprach, tat innen die Lau einen Schrei: »Das ist der König, mein Gemahl! Und ich bin nicht daheim!« Im selben Augenblick fiel sie vom Stuhl bewußtlos zu Boden, daß die Stube zitterte. Der Sohn lief wieder fort, die Spinnerinnen liefen jammernd heim mit ihren Rocken, die anderen aber wußten nicht, was anzufangen mit der armen Lau, die wie tot dalag. Eines machte ihr die Kleider auf, eines rieb sie, das dritte riß das Fenster auf, aber sie schafften es doch alle miteinander nicht.

Da steckte plötzlich der jüngere Sohn, der Koch, der ein lustiger Kerl war, den Kopf zur Tür herein: »Ich habe mir eingebildet, sie sei bei euch. Aber wie ich sehe, geht es nicht allzu lustig her. Macht, daß die Ente ins Wasser kommt, so wird sie schwimmen.« »Du hast gut reden!« sprach die Mutter mit Beben, »wenn man sie auch im Keller hat und im Brunnen, kann sie sich nicht den Hals brechen im Geklüft?« »Was Keller?« rief der Sohn, »was Brunnen? Das geht freilich nicht, laßt mich nur machen. Not kennt kein Gebot. Ich trag sie in den Blautopf.« Und damit nahm er, ein starker Bursche, die Wasserfrau auf seine Arme. »Komm, Jutta! Nicht heulen, geh mir voran mit der Laterne!« »In Gottes Namen«, sagte die Wirtin, »doch nehmt den Weg hinten herum durch die Gärten, die Straße wimmelt von Leuten und von Lichtern.« »Der Fisch hat sein Gewicht«, sprach er im Gehen, schritt aber festen

Tritts die Stiege hinunter, dann über den Hof und links und rechts zwischen Hecken und Zäunen hindurch. Am Blautopf fanden sie das Wasser schon merklich gefallen, gewahrten aber nicht, wie die drei Zofen mit den Köpfen dicht unter dem Wasserspiegel ängstlich hin- und herschwammen, nach ihrer Frau ausschauend. Das Mädchen stellte die Laterne hin, der Koch entledigte sich seiner Last, indem er sie behutsam mit dem Rücken an den Kürbishügel lehnte. Da raunte ihm sein eigener Schalk ins Ohr: »Wenn du sie küßtest, freute dich's dein Leben lang. Da könntest du doch sagen, du habest einmal eine Wasserfrau geküßt!« Und ehe er's recht dachte, war's geschehen.

Da schwappte plötzlich Wasser aus dem Topf und löschte das Licht aus, so daß es stockdunkel war ringsum, und es klang nicht anders, als wenn ein halb Dutzend nasser Hände auf ein paar kernige Backen fiel und wo es sonst hintraf. Die Schwester schrie: »Was gibt's denn?« »Maulschellen heißt man's bei uns«, sprach er, »ich hätte nicht gedacht, daß sie das am Schwarzen Meer auch kennen.«

Damit stahl er sich eilend davon, aber weil es vom Widerhall drüben am Kloster auf Mauern und Dächern und Wänden mit Maulschellen nur so prasselte, stand er bestürzt und wußte nicht recht wohin, denn er glaubte den Feind vorn und hinten.

Aber diese Belehrung war nötig, damit er sich nicht rühmte, er habe der Lau den Mund geküßt, obwohl man sagen muß, daß er es ja hat tun müssen, damit die schöne Lau durch ihr fünftes Lachen glücklich wurde.

Denn mitten in diesem argen Lärm hörte man die Fürstin in ihrem Ohnmachtsschlaf so innig lachen, wie sie es damals im Traum getan, als sie den Abt laufen sah. Der Koch hörte das Lachen noch von weitem. Und obwohl ihm klar war, daß er es verursacht hatte, erkannte er doch mit Freuden, daß es mit der Frau keine weitere Not habe.

Mit der guten Nachricht kam auch die Jutta heim, die Kleider, den Rock und das Leibchen im Arm, welche die schöne Lau heute zum letzten Mal am Leib gehabt. Die aber erfuhr von ihren Kammerjungfern, die sie am Topf im Beisein des Mädchens empfingen, zu ihrem großen Trost, der König sei noch nicht gekommen, doch könne es nicht mehr lange dauern, die große Wasserstraße sei schon angefüllt. Das war nämlich ein breiter und hoher Felsenweg, tief unterhalb der menschlichen Wohnstätten, schön grad und eben mitten durch den Berg gezogen, zwei Meilen lang bis zur Donau, wo des alten Nix Schwester ihren Fürstensitz hatte. Dieser Herrin waren viele Flüsse, Bäche und Quellen dieser Gegend dienstbar, und die füllten, wenn das Gebot an sie erging, diese Höhlenstraße in kurzer Zeit so hoch mit ihren Wassern, daß sie mit allem Seegetier, Meerpferden und Wagen schön befahren werden konnte. Und das geschah bei festlicher Gelegenheit zuweilen als ein schönes Schaugepränge mit vielen Fackeln und mit Musik von Hörnern und Pauken.

Nun eilten die Zofen so schnell es ging in das Gemach, wo sie pflegten sie schön zu machen, um sie zu salben, zu zöpfen und kostbar anzukleiden. Das ließ sie auch gern zu und half selbst dabei, denn sie fühlte in ihrem Inneren, nun sei alles erfüllt, sogar die fünfte Bedingung, daß sie lachen mußte über eine Sache, von der weder der alte Nix noch sie selbst etwas wissen durfte.

Da geschah also eine Art Märchenadvent. Die schöne Lau, festlich hergerichtet und in ihrem Herzen glücklich, erwartete die Ankunft des Königs, der auf seinen geheimnisvollen Wasserwegen unter der Erde zu ihr kommen würde. Advent heißt ja, daß jemand glücklich ist und mit allen Sinnen angespannt, weil er den erwartet, der ihm das Heil bringt.

Ich habe den Eindruck, daß hier für uns heutige Menschen ein entscheidender Punkt liegt. Was erwarten wir denn? Wenn wir unsere Kinder sehen oder unsere Enkelkinder, dann kann uns angst werden. Was steht denn dieser Erde bevor? An welchen schrecklichen Geschehnissen wird sie zugrunde gehen? Wir Älteren werden diese Erde ohnedies bald verlassen, wir haben gelebt. Aber das Schicksal unserer Kinder und Kindeskinder sieht so finster aus, daß wir darüber schwermütig werden könnten. Wir sollen uns nicht sorgen, ich weiß. Aber wir sorgen uns doch. Wem kann man sie alle anvertrauen?

Mir wird eine bestimmte Gestalt des Evangeliums immer wichtiger: der Mann Simeon aus der Weihnachtsgeschichte. Er hatte sein Leben zugebracht mit dem Warten auf etwas, von dem er nichts sehen konnte. Mit dem Warten auf einen Menschen, der im Namen und mit der Kraft Gottes den Weg in die Erlösung zeigen sollte, in die Freiheit, in das Reich Gottes, hinaus aus der Enge und Hoffnungslosigkeit des Menschendaseins. Der Mann Simeon, so wird gesagt, phantasierte nicht, er tröstete sich nicht mit Träumen. Vielmehr »war der Geist Gottes mit ihm«, das heißt: Gott selbst hat ihm die Empfänglichkeit gegeben für die Bilder der Zukunft und für die Worte, die von Gott her an uns ergehen. Er wußte – der Geist Gottes hatte es ihm gesagt –, daß er den Christus, den Boten und Bevollmächtigten Gottes, sehen dürfe, ehe er sterben sollte. Als nun die Eltern Jesu in den Tempel in Jerusalem kamen, um nach Gesetz und Sitte ihren ersten Sohn in einer besonderen Dankfeier vor Gott »darzustellen«, da ergriff ihn eine Ahnung, und er kam ebenfalls dorthin. Er nahm das Kind auf den Arm und sprach:

»Herr, nun lässest du deinen Diener in Frieden heimgehen,
denn meine Augen haben deinen Heiland gesehen…«

Lukas 2, 29–30

Indem Simeon sein Leben im Frieden abschließt, hält er zugleich das Kind auf dem Arm, dem die Zukunft gehört. Aber er kann dem Gott, von dem es kommt, dafür danken. So findet er Frieden, wenn er an die Zukunft denkt und wenn er das Vergangene überblickt, zugleich. Und wenn seine Geschichte in uns spielt, können wir etwa so sprechen:

Vater, in deinen Händen
ist mein Schicksal und mein Lebensweg
alle die Jahre gewesen.

Ich konnte mein Leben nicht planen,
nicht machen und nicht voraussehen.
Aber ich erkenne, daß du mich geführt hast.

Ich staune über die Geradlinigkeit,
in der mein Weg verlief,
bei allen Windungen, die er nahm.

Ich möchte lernen, nichts zu wollen,
als was du willst. Einzig dies:
daß dein Wille sich an mir erfüllt.

Ich habe vieles nicht verstanden
und erkenne nun: Dies war dein Plan.
Es ist vieles gescheitert, was ich wollte,
und ich entdecke nun: So war es gut.

Du führtest mich am Leid nicht vorbei,
aber du führtest mich hindurch.
Wenn ich im tiefen Tal irrte
und deine Hand nicht fand,
so warst du doch bei mir.

Ich vertraue dir, Gott und Vater,
ich überlasse mich dir.
Ich warte auf das, was du tust.

Und zur gleichen Zeit war im Tempel eine Prophetin namens Hanna, eine Witwe. Die hatte in ihrer Jugend sieben Jahre mit ihrem Mann gelebt und war seitdem allein gewesen. Nun war sie vierundachtzig Jahre alt und lebte Tag und Nacht nur noch im Tempel. Sie trat hinzu, nahm den Lobgesang des Simeon auf und pries Gott. Danach wandte sie sich an die anderen Besucher des Tempels, die wie sie auf die Erlösung warteten, und redete zu ihnen über dieses Kind.

Eines der letzten Bilder von der Hand Rembrandts, aus der Zeit, als er selbst alt und einsam geworden war, übergangen und vergessen von den Menschen, zeigt diese Szene: In einem dunklen Raum steht ein alter Mann und trägt auf seinen Armen ein Kind. Hinter ihm eine Frau mit tief verschattetem Gesicht. Wartende. Alt geworden über ihrer Erwartung. Und nun fällt Licht steil von oben über die Stirn und das Gesicht des Mannes herab und auf ein Kind, und im Hintergrund streift es das Gesicht der Frau wie eine plötzliche Erkenntnis: Das ist es, auf das wir gewartet haben. Der ist es, auf den wir gehofft haben. Und es ist keine fröhliche Begeisterung, die aus ihnen hervorbricht, sondern eine leidverhangene Antwort auf den Anruf von oben. Ein Gebet, gesprochen von Menschen, denen die Zeit des Wartens schon über viele Jahre hin zu lange gewesen war.

»Herr, nun läßt du deinen Diener in Frieden heimgehen.« Simeon, so stelle ich mir vor, hat ein Leben lang gewartet. Nicht träge dahindämmernd, nicht ungeduldig. Jeden Tag: Heute kann es geschehen. Heute muß ich wach sein. Und so, indem er sich auf seine Erwartung konzentrierte, legte er immer mehr weg, was unwichtig war, ließ er immer mehr weg, unterschied er immer sorgsamer zwischen dem, was wichtig, und dem, was nebensächlich war.

Sein Schritt, wie ich mir denke, wurde gelassener dabei. Er bekam ein anderes Maß. Er wurde bedächtiger. »Bedächtig« kommt von Denken. Man denkt nach, was jetzt wichtig und lohnend ist, was noch geht und wovon man Abschied nehmen soll. Man lernt seine Kräfte einteilen. Man wählt die Ziele aus, die noch erreichbar sind, und nimmt Abschied von Gipfeln, die man nicht mehr besteigen wird. Die Füße gehen »auf dem Weg des Friedens«.

Auf Wanderungen im Gebirge begegnen uns immer wieder leere Scheunen auf den Matten und zwischen den Bäumen. Alt und verwittert das Holz, alt die Dächer und die Steine, die darauf liegen, dunkel der Innenraum, leer. Wie oft mag hier – generationenlang – einer Heu eingefahren haben, duftendes Heu, Nahrung für viele Tiermäuler in langen Wintern! Wie oft mag dieser Raum gefüllt und wieder geleert worden sein!

Ich bin gerne an solchen Scheunen. Meist steht eine Bank davor für den, der Zeit hat. Zeit wie die Hütte selber, vor der er sitzt. Zeit wie die Almen, von denen das Gras kam. Wenn einer alt genug ist, fühlt er sich wie das Holz, an das er sich lehnt. Nach einem langen Leben, das voller Ernten war, in dem Sturm und Schneelast, Sonne und Bläue und wieder Ernte und wieder Leere einander folgten. Wenn das Haus dann seine Zeit gehabt hat, steht es noch lange da, leer und scheinbar nutzlos. Aber wir Menschen, die vom Weg abgehen, um vor einer solchen Hütte zu sitzen, müssen wohl die Gelassenheit lernen, die dieses Holz hat. Mag sein, daß die Ernte unseres Lebens längst verbraucht ist, daß wir nichts festhalten konnten, daß wir nichts mehr anzubieten haben, wenn uns einer nach unserer Ernte fragt. Aber ich finde diesen Zustand gut: Eine leere Hütte sein, die nur noch auf das wartet, was Gott in sie einbringen wird.

Aber in einem unterscheiden wir uns von einer Almhütte. Unser Vertrauen ist nicht nur ein Ruhen in Gott, es ist ein höchst aktives Zugehen auf die Zusagen Gottes, von denen unsere Erwartung sich nährt.

Kräfte sind uns zugedacht. Und wir, die Wartenden, sagen: Ich nehme diese Kräfte in Anspruch. Sie sind da. Geist von Gott ist uns zugesagt. Also ist es nicht unbescheiden, zu vertrauen, daß er uns gegeben ist. Gedanken Gottes zu denken ist uns erlaubt. Also denken wir sie und vertrauen darauf, daß wir den Gedanken Gottes mit unseren Gedanken auf der Spur sind. Wir durchleiden, durchlieben, durchleuchten, was immer uns entgegenkommt, und nehmen Gott bei seinem Wort.

Gott hat gesagt: Ich will dich behüten,
und wir nehmen ihn beim Wort.
Gott hat gesagt: Du bist kostbar in meinen Augen,
und wir nehmen ihn beim Wort.
Gott hat gesagt: Nichts soll dich von mir scheiden,
und wir nehmen ihn beim Wort.
Gott hat gesagt: Ich will deine Sünde wegnehmen.
Ich will dich entlasten.

Ich will dir Freiheit geben.
Ich will dir einen Raum geben,
da du auf einem Felsen stehst –
und wir nehmen ihn beim Wort
und handeln in der Kühnheit, die aus diesem Zutrauen folgt.

Wir nehmen Kräfte aus Gott in Anspruch und können damit jene anderen Kräfte verwandeln, die aus uns selbst kommen und mit denen wir uns unserem Geschick doch nur entgegenstemmen. Wir überlassen uns dem Strom, der uns als der gütige Wille Gottes entgegenströmt, immer mehr, zuletzt ganz und gar. Und das wird ewiges Leben sein.

Hier gewinnt das berühmte Wort der Therese von Avila seinen Sinn:

»Laß dich nicht ängsten,
nichts dich erschrecken.
Alles vergeht.
Gott allein bleibt, der er ist.
Alles erreicht der Geduldige,
und wer Gott hat, der hat alles.
Gott allein genügt.«

Oder das Wort von Jung-Stilling:

»Es gefällt Gott, in der Nacht zu kommen,
darum fürchte die Nacht nicht.«

»Wohin du auch gehen magst,
immer begegnest du Gott.
Gott ist, was vor uns ist.«

André Gide

»Wer zu mir kommt«, sagt Jesus,
»den werde ich nicht hinausstoßen.«

Johannes 6, 37

Und:

»Ich bin nicht allein,
denn der Vater ist bei mir.
Das sage ich euch,
damit ihr in mir Frieden findet.
In der Welt habt ihr Angst,
aber seid getrost,
ich habe die Welt überwunden.«

Johannes 16, 32–33

Das Zeitliche segnen

Drei Stunden wohl, nachdem der Wächter Mitternacht gerufen hatte – es schlief im Nonnenhof schon alles –, erscholl die Kellerglocke zweimal mächtig zum Zeichen, daß es Eile habe, und schnell waren auch die Frauen und die Töchter beim Brunnen im Keller drunten.

Die Lau begrüßte sie wie sonst vom Brunnen aus, nur war ihr Gesicht von Freude verschönt, und ihre Augen glänzten, wie man es nie an ihr gesehen. Sie sprach: »Ihr müßt wissen, daß mein Gemahl um Mitternacht gekommen ist. Die Muhme hat es ihm vor kurzem schon vorausgesagt, daß sich mein Glück in dieser Nacht vollenden soll. Darauf zog er ohne Säumen aus in Begleitung seiner Fürsten. In der Frühe wollen wir reisen. Der König ist mir so hold und von Herzen zugetan, als hieße ich von heute erst eigentlich seine Frau. Sie werden gleich vom Mahl aufstehen, sobald sie den Umtrunk gehalten. Und nun schlich ich mich auf meine Kammer und hierher, um meine Gastfreunde zu grüßen und zu herzen. Ich sage Dank, Frau Betha, liebe Jutta und euch anderen. Grüßt die, die nicht hier sind, die Männer und die Mägde. In jedem dritten Jahr will ich euch eine Botschaft senden. Vielleicht auch komme ich selber noch vorher und bringe auf diesen meinen Armen ein lebendiges Zeichen, daß die Lau bei euch das Lachen gelernt hat. Dafür werden euch die Meinen und ich selbst alle Zeit dankbar sein.

Für jetzt, liebe Wirtin, möchte ich einen Segen in dieses Haus stiften für viele seiner Gäste. Ich habe oft gehört, wie Ihr den armen wandernden Gesellen Gutes getan mit freier Zehrung und Herberge. Damit Ihr dies auch künftig tun könnt, so werdet Ihr beim Brunnen hier einen steinernen Krug voller Silbergroschen finden, davon gebt ihnen unbesorgt; ehe der letzte Pfennig ausgegeben ist, will ich das Gefäß wieder füllen. Ich will auch für alle hundert Jahre fünf Glückstage stiften. Der reisende Geselle, der an dem Tag, der mir das erste Lachen brachte, über Eure Schwelle tritt, der soll aus Eurer und Eurer Kinder Hand ein fünffaches Geschenk erhalten. Die Gaben aber werdet Ihr hier am Brunnen finden.«

Danach redete sie noch manches leise mit der Wirtin. Dann

nahm sie nochmals Abschied und küßte ein jedes. Die beiden Frauen und die Mädchen aber weinten sehr. Sie steckte Jutta einen Fingerreif mit grünem Schmelzwerk an und sprach: »Ade, Jutta, wir haben uns ganz besonders geliebt, das soll auch fernerhin so bleiben.« Dann tauchte sie hinunter und verschwand.

In einer Nische hinter dem Brunnen fand sich richtig der Krug und alle anderen versprochenen Geschenke. In der Mauer war ein Loch, mit einem eisernen Türlein versehen, von dem man nie gewußt, wohin es führe. Das stand jetzt offen, und so sah man, daß die Sachen durch eine dienstbare Hand auf diesem Weg hergebracht worden seien. Weshalb auch alles schön trocken war. Besonders aber ein Kochlöffel aus Rosenholz mit langem Stiel, von oben herab fein bemalt und vergoldet, den sollte die Wirtin, hatte die Lau gesagt, dem lustigen Koch zum Andenken geben. Auch keines der anderen war vergessen.

Daß aber die schöne Lau sich später mit ihrem Kind im Nonnenhof zum Besuch eingefunden habe, davon steht nichts in dem alten Buch, das diese Geschichten berichtet. Aber ich möchte es wohl glauben.

Von Rembrandts Hand haben wir ein Bild, das einen solchen Abschied zeigt. Es erzählt aus der Zeit, als die Söhne Israels in Ägypten lebten. Damals hatte es Joseph zum Großwesir des Königs gebracht, und in seinem Schutz lebten die Familien seiner Brüder. Schließlich war auch sein Vater Jakob, der Patriarch, zu ihm nach Ägypten gekommen.

Eines Tages berichtete man Joseph: »Dein Vater ist krank.« Da nahm er seine beiden noch kleinen Söhne, Ephraim und Manasse, mit sich und ging zu seinem Vater. Und Rembrandt malt auch Josephs Frau, die Ägypterin Asenat, hinzu. Da setzte sich Jakob im Bett auf, um die beiden Enkelkinder zu segnen. Und Joseph nahm sie beide an der Hand und führte sie vor Jakob. Ephraim nahm er an die rechte Hand und Manasse an die linke, so daß Ephraim an der linken, Manasse an der rechten Hand des Jakob knieten. Aber da überkreuzte Jakob seine Arme und legte dem Jüngeren, dem Ephraim, die rechte Hand aufs Haupt, dem Älteren, Manasse, die linke. Er wollte damit sagen, daß der Jüngere die Rechte des Erstgeborenen erhalten solle, und segnete sie schließlich auf diese Weise.

»Der Gott, vor dem meine Väter
Abraham und Isaak gelebt haben,
der Gott, der mein Hirte gewesen ist
mein Leben lang bis auf diesen Tag,
der Engel, der mich erlöst hat von allem Übel,
der segne die Knaben,
daß durch sie mein und meiner Väter Name fortlebe,
daß sie wachsen und gedeihen auf Erden.« 1. Mose 48,15–16

Es war früher auch bei uns Sitte, daß bei einem Abschied der Ältere den Jüngeren gesegnet hat, Eltern etwa ihre Kinder, Sterbende in ihrer letzten Stunde ihre Familie. Und entsprechend haben wir noch die alte Wendung, es habe einer »das Zeitliche gesegnet«. Das ist ein wunderbares Wort. Was ist damit gemeint?

Wir reden davon, der Regen »segne« die Erde. Oder von einer Frau, sie sei »gesegneten Leibes«. Segen ist eine Kraft, die die Erde fruchtbar macht oder einen Menschen. Segen schafft Wachstum und Gedeihen. Segen bewirkt, daß Frucht entsteht. Und im übertragenen Sinn ist Segnen ein Bejahen und ein Fördern des Lebens. Und so »segnet« der Sterbende sein vergangenes Leben, die Welt und alle Menschen, die ihm nahestanden. Er gibt seine Lebenskraft, seine Liebe weiter an die Lebenden, die er liebt.

Wenn also jemand »das Zeitliche segnet«, dann leuchtet alles noch einmal auf, wird alles noch einmal freundlich gesehen, und alle Kräfte, die vergehenden, werden den Zurückbleibenden zugewandt, zum Abschied und zur Stärkung des Lebens und der Liebeskräfte in der Welt.

Nichts wird festgehalten, nichts wird weggeschoben. Es darf alles gelten. Der Sterbende wünscht dem, was war, daß es weiterlebe, weitergedeihe. Und er wünscht sich selbst, es möge auch für ihn Frucht wachsen aus dem, was »zeitlich« war, für die Ewigkeit. Und es mag sein, daß er dabei manches ein wenig anders wertet als die Zurückbleibenden, so, wie Jakob bei seinem Segen gegen alle Sitte den Jüngeren vorzog.

Eltern, die auf dem Sterbebett ihren Kindern etwas Gutes

sagen, können damit vieles wiedergutmachen, was sie an ihnen versäumt haben. Sie geben den Kindern für die Zukunft eine Kraft mit, die trägt.

Segen hinterläßt derjenige, der zu Lebzeiten regelt, was an Zeitlichem noch zu regeln ist. Segen hinterläßt derjenige, der seinen Kindern und Enkeln und allen, die ihm nahestehen, zuletzt bestätigt, daß er sie bejaht, ihnen ihr Weiterleben gönnt.

Das Zeitliche segnen heißt: das eigene Leben in Frieden abschließen, heißt aber noch mehr: das weitergehende Leben der anderen bejahen, gutheißen, ihnen Glück wünschen.

Daß ein Gesegneter ein Segen für andere sein kann, wie es in dem Wort formuliert ist: »Ich will dich segnen, und du sollst ein Segen sein«, das ist das Geheimnis des alten, weggehenden Menschen. Und selten kann ein Mensch, der Frieden stiften will zwischen zerstrittenen Menschen, dies so wirksam tun wie auf seinem Sterbebett. Ihm wächst eine Autorität zu, die er in diesem Maß nie hatte. Und es mag sein, daß sich die Christus-Gestalt, die während unseres Lebens in uns wuchs, in der Stunde vollendet, in der wir die Menschen segnen, von denen wir Abschied nehmen.

Als Mose an das Ende seiner Tage kam, führte, so erzählt die Bibel, Gott ihn auf einen hohen Berg, von dem aus er das Ziel sehen konnte, dem er ein Leben lang nachgewandert war: das Land, in dem einmal seine Nachkommen leben sollten. Ein Leben lang hatte er sich um die Heimkehr seines

Volkes bemüht, auf endlosen Wegen durch unwirtliches Land. Nun sieht er das Ziel, das er selbst nicht mehr erreichen wird.

Und wenn er nun Abschied nimmt, dann blickt er von dem Berg aus auch zurück. Er sieht, wie er einst als Kind aus dem Nil gerettet wurde, und er sieht, wie er bewahrt war auf seinem langen, gefahrvollen Weg und wie seine lebenslange Mühe erfüllt war mit einem verborgenen Sinn. Er erkennt: Ich bin ein Geführter und ein Gesegneter. Und er singt sein Lied: »Ich will den Herrn preisen« – Gott war vor mir und um mich her, und alles war Gnade.

Moses Geschichte spielt nicht nur in einer fernen Vergangenheit. Sie spielt in uns selbst. Irgend etwas in uns sehnt sich nach Freiheit. Irgendein Bild steht da vor uns von einem sinnvollen Leben, von einem Land, in dem zu leben sich lohnt. Und vielleicht berühren wir mit den Fingerspitzen gleichsam ein wenig Freiheit oder atmen sie ein und wissen: So eigentlich müßte das Leben sein. Vielleicht ist die Stunde, in der wir uns aus unserer Arbeit lösen, um alt zu sein und zur Ruhe zu kommen, auch die, in der uns die Freiheit berühren will.

Und wenn wir uns dann umsehen, ändert sich alles vor unseren Augen. Vielleicht kommen wir bis an den Punkt, an dem wir erkennen: Was unsere Mühe war, ist in Wahrheit die Güte Gottes gewesen. Was da Erfolg war oder Mißerfolg, das war in Wirklichkeit das stille, leise Werk Gottes durch unsere Hände. Was wir am Ende sind, das hat Gott in langen Jahren aus uns gemacht. Wir aber nehmen, was da war und wurde, an und versuchen, dafür zu danken. Und wir geben uns dieser Hand zurück. Sie nimmt uns auf, entläßt uns zugleich auf einen neuen Weg und führt uns weiter. Und das Land, das wir suchten, wird sich uns öffnen.

Das ist uns zugedacht, daß wir auf der Höhe unserer späten Jahre über die Grenze hinübersehen. Wach. Wissend. Frei. Wir spüren, wie eine große andere Wirklichkeit auf uns zuströmt. Ein grenzenloser Strom von Erkenntnissen und Erfahrungen. Gott selbst kommt uns entgegen. Denn das Alter ist nicht das Ende von allem, sondern nur der letzte Takt einer Ouvertüre, und die eigentliche, die wunderbare Musik der Freiheit fängt erst an.

Es gibt ein Gesetz im Leben, daß, wenn sich eine Tür schließt, eine andere sich auftut. Wenn aber die Türen, durch die wir im Leben gegangen sind, sich schließen, eine nach der anderen, dann lösen sich die Wände vor unseren Augen auf, in denen die Türen sich gedreht haben. Und die Welt wird groß. Das Licht einer anderen Wirklichkeit liegt über ihr, und unser Weg fängt noch einmal an.

Es gibt einen alten Vers, den Hans Thoma um ein paar Zeilen erweitert hat und den wir auswendig lernen sollten. Wie überhaupt es wichtig ist, daß wir immer wieder, auch wenn wir meinen, unser Gedächtnis lasse nach, uns Worte einprägen, die dann für Tage oder Wochen mit uns gehen.

»Ich kam, weiß nicht woher,
Ich bin und weiß nicht wer,
Ich leb, weiß nicht wie lang,
Ich sterb und weiß nicht wann,
Ich fahr, weiß nicht wohin,

Mich wundert's, daß ich so fröhlich bin.
Da mir mein Sein so unbekannt,
Geb ich es ganz in Gottes Hand. –
Die führ es wohl, so her wie hin:
Mich wundert's, wenn ich noch traurig bin.«

Ich weiß von einem alten Mann, der spürte, daß es zu Ende ging. An seinem letzten Tag ließ er sich noch einmal hinauffahren auf die Schwäbische Alb und feierte den Abschied von dieser Welt im Angesicht der Wälder und Felsen und Täler, der gesegneten Erde, die sein Wurzelboden und seine Heimat gewesen waren. Vielleicht – wenn die Zeiten dann so sind, daß einer im Frieden sterben kann – werde ich tun wie er.

Wenn die Sonne sinkt, vergoldet sie scheidend noch einmal die Erde und die Wolken. Es ist, als gebe sie alles, was sie auf ihrem Weg gesehen hat, der Erde zurück. Und wenn der Lebensbogen von seiner Höhe sich zurückwendet zur Erde, dann kann es geschehen, daß noch etwas aufleuchtet, das den Tag über nicht sichtbar war, und daß die sinkende Sonne Farben in die Wolken malt, die keine andere Tageszeit kennt. Es ist die Zeit, in der das Herz danken will.

Herr, ich denke zurück.
Ich gehe noch einmal den Weg
durch alle meine Jahre.

Nicht an meine Leistung denke ich.
Sie ist gering.
Nicht an das Gute, das ich getan habe.
Es wiegt leicht
gegen die Last des Versäumten.

An das Gute, das du mir getan hast,
denke ich und danke dir.
An die Menschen, mit denen ich gelebt habe,
an alle Freundlichkeit und Liebe,
von der ich mehr empfangen habe,
als ich wissen kann.
An jeden glücklichen Tag
und jede erquickende Nacht.
An die Güte, die mich bewahrt hat
in den Stunden der Angst und der Schuld
und der Verlassenheit.

An das Schwere, das ich getragen habe,
denke ich. An Jammer und Mühsal,
deren Sinn ich nicht sehe.
Dir lege ich es in die Hand und bitte dich:
Wenn ich dir begegne, zeige mir den Sinn.

Ich denke zurück, Herr,
an alle die vielen Jahre.
Mein Werk ist vergangen,
meine Träume sind verflogen,
aber du bleibst.

Laß mich nun im Frieden aufstehen
und heimkehren zu dir,
denn ich habe deine Güte gesehen.
Ehre sei dir, dem Vater und dem Sohn
und dem Heiligen Geist,
wie es war im Anfang, jetzt und immerdar
und von Ewigkeit zu Ewigkeit.

Als Jesus sich von seinen Jüngern verabschiedete, da löste er sich von ihnen und stellte sie für den Weg, den sie gehen sollten, frei. Und er hinterließ ihnen zugleich seine Kraft und Autorität. Er hinterließ ihnen seinen Geist und den Frieden, indem er sie segnete.

Jesus Christus:

»Den Frieden lasse ich euch.
Meinen Frieden gebe ich euch.
Ich gebe nicht, wie die Welt gibt.
Euer Herz erschrecke nicht
und fürchte sich nicht.«

Johannes 14, 27

Dias zum Buch

Jörg Zink · Wie die schöne Lau das Lachen lernte

12 Dias (24 × 36 mm) in Plastikfolie DM 38,–

Von den Farbtafeln in diesem Buch sowie vom Umschlagbild
können Sie Farbdias beziehen.
Den Dias beigefügt sind Vorschläge von Jörg Zink
für die Gestaltung von fünf Veranstaltungen,
die mit diesen Dias
und mit Texten aus dem Buch gestaltet werden können:
Die Geschichte von der schönen Lau
Altwerden und wieder Kindwerden
Rückblicke älterer Menschen auf das Leben
Die Botschaft vom göttlichen Kind
Träume von einem guten Altwerden

Quellennachweis

Die »Historie von der schönen Lau« steht in der Erzählung von Eduard Mörike »Das Stuttgarter Hutzelmännlein«.

Bildnachweis

Umschlagbild und Seite 11 Der Blautopf in Blaubeuren. Foto: Jörg Zink

Seite 23 Bild der heiligen und lebenspendenden Dreifaltigkeit. Russische Hausikone, 19. Jh. Privatbesitz. Foto: Jörg Zink

Seite 37 David spielt Harfe vor Saul. Gemälde von Rembrandt Koninklijk Kabinet van Schilderijen Mauritshuis, Den Haag

Seite 47 Sommer, oder Ruth und Boas. Gemälde von Nicolas Poussin, 17. Jh., Musée du Louvre, Paris

Seite 60 Ein alter Mann im Lehnstuhl. Gemälde von Rembrandt, 1652. London, National Gallery

Seite 71 Die Begegnung von Maria und Elisabeth (Heimsuchung). Gemälde von Rembrandt, 1640. Detroit, Institute of Arts

Seite 83 Ausschnitt aus dem Gemälde von Fra Angelico (Giovanni da Fiesole) »Thronende Jungfrau und Kind mit Heiligen« aus der Kirche St. Markus in Florenz. Foto: Verlag Herder, Freiburg

Seite 95 Ausschnitt aus einem Gemälde von Hendrik ter Bruggen »Die Berufung des Matthäus«. Centraal Museum Utrecht

Seite 105 Ausschnitt aus dem Kuppelgemälde von Francisco de Goya in der Kirche San Antonio de la Florida in Madrid, um 1800 Foto: Max Seidel, Mittenwald

Seite 121 Simeon mit dem Christuskind im Tempel. Gemälde von Rembrandt, 1669. Stockholm, Nationalmuseum

Seite 131 Jakob segnet die Söhne Josephs. Gemälde von Rembrandt, 1656. Kassel, Staatliche Kunstsammlungen

Jörg Zink

Die Mitte der Nacht ist der Anfang des Tages

Bilder und Gedanken zu den Grenzen unseres Lebens

110 Seiten, 8 vierfarbige Bildtafeln,
Efalin gebunden mit Schutzumschlag

»Wir werden in die Stationen des Weges Christi hineingezogen – ja, dort ist unser eigentlicher Lebensraum.
Zink bringt diesen Vorgang durch Meditationen, biblische Texte, Bilder, Gebete und Worte aus der Geschichte der Kirche überzeugend zur Sprache.
Ein Begleitbuch, ein Vademecum für jeden Tag.
Man beschenkt sich und andere in besonderer Weise damit.«

Neue Ruhr Zeitung, Essen

»Der Autor bringt die Leidensgeschichte Jesu uns so nahe in Texten und Bildern, Gebeten und Worten, daß man sich der Einsicht nicht verschließen kann:
Hier geht es um dein Leben.
Hoffnung und Geborgenheit gehen von diesem Buch in einem selten großen Maß aus.«

Kirchenbrief Berlin